JN237859

スープのカンタン教科書

もくじ
contents

10　ごあいさつ

UMA!

パオ

40　SOUPのコツ

Lesson 1
スープのだし

42　鶏のだし
43　牛のだし
44　魚のだし
45　野菜のだし

Lesson2
作り方のポイント

46　煮込みpoint
47　水分量point
48　具材point 1
49　具材point 2

おなじみスープのカンタン recipes

クラムチャウダー 
10

トムヤムクン 
12

ミネストローネ 
14

パンプキンスープ 
16

サンラータン 
18

ブイヤベース 
20

ガーリックスープ 
22

キムチチゲ 
24

オニオングラタンスープ 
26

ビスク 
28

コーンスープ 
30

ボルシチ 
32

ガスパチョ 
34

ポトフ 
36

ビシソワーズ 
38

いつもの具材でカンタン recipes

干ししいたけとニラの
ワンタンスープ
52

ワイルド
マッシュルームスープ
54

ピンクレンズ豆と
ハムのスープ
56

とろろと梅干の
やまいもスープ
58

豚汁風ごま味噌スープ
60

和風カレースープ
62

手羽先とブロッコリーの
イエローカレースープ
64

BLTスープ
66

豆腐ときゅうりの
冷たいスープ
68

シンプル
ベジタブルスープ
70

わかめと温泉卵の
アンチョビスープ
72

りんごのシナモン
ティースープ
74

バナナとキウィの
ヨーグルトスープ
76

ブルーベリー
チーズスープ
78

オレンジ
ジンジャースープ
80

モゥ

メ〜

92　あとがき

82　SOUPのお道具図鑑

83　両手鍋
84　ミキサー
85　木しゃもじ
86　こし器&ゴムベラ
87　レードル&おたま

88　スープ作りを楽しく、
　　おいしくする道具たち

93　Dear.SOUPお店紹介

はじめに

7年前、銀座で「ディア.スープ」というスープ屋をオープンした時は、参考にするスープのお店も本もまったくといっていいほどありませんでした。
その後、あれよあれよという間にお店も本も増えて、今ではスープのレシピ本も買うのが追いつかなくなるほど出版されています。

スープ好きには大変うれしい世の中になってきました。

私はスープ屋をやっておりますので、「レシピなんか公開していいの?」とよく聞かれますが、全然かまいません。
だって、お家で作るスープが一番おいしいから。

この本では、ミネストローネ、クラムチャウダー、コーンスープなど、名前は知っているけど作り方がよく分からない…といった「よく聞く名前の世界のスープ」を、お家で簡単に作れるように、カンタンレシピにアレンジしました。よくある材料で作れるクイックスープもあわせてご紹介しています。

ちょっと大袈裟なタイトルをつけてしまいましたが、この教科書にたくさん落書きをして、あなただけのオリジナルスープを作っていただけると幸いです。

東條　真千子

東條真千子
Machiko Tojo

1964年生まれ。イラストレーター、グラフィックデザイナーを経て1999年、『ディア.スープ』を立ち上げる。株式会社ディア.スープ オーナー。また、二男一女の母親でもあり、多忙な日々を送る。

スープ好き？

"SOUP FOR ALL"

"ALL FOR SOUP"

おなじみスープの
カンタン recipes

名前はよく知っているけれど、
作り方がわからない……。
そんな世界のおなじみスープを、
簡単レシピにアレンジしました。

ホー

クラムチャウダー

意外にササッと作れちゃう、アメリカ生まれのアサリのスープ

クラムチャウダーは
クリームベースのニューイングランド風と、
トマトベースのマンハッタン風の2種類アリ。
心も体も温まる、アメリカの「ママの味」です！

★材料（2人分）

- バター —— 10g
- にんにく —— 半片
- アサリ —— 200g
- セロリ —— 1/3本
- 玉ねぎ —— 1/2個
- じゃがいも —— 1個
- にんじん —— 1/4本
- チキンブイヨン —— 200cc
- 牛乳 —— 100cc
- 生クリーム —— 50cc
- 塩 —— 小さじ1弱
- こしょう —— 少々
- オレガノ —— 少々

★作り方

1 アサリは殻をよく洗って鍋に入れ、
  少量の水で蒸して口を開け、
  煮汁ごと別の容器に移しておく。
2 にんにくはみじん切りにし、
  その他の野菜は1cm角に切る。
3 鍋にバターを入れ、弱火でにんにく、野菜の順に炒め、
  オレガノ、チキンブイヨン、アサリの煮汁を
  加えて弱火で野菜が柔らかくなるまで煮る。
4 牛乳、生クリーム、アサリを加えて、塩、こしょうで
  味を整える。このとき沸騰させないように注意！

まず、アサリを熱して口を開く。身は固くならないように最後に加える。これがポイント！

アサリの旨みがぎゅっとつまった「だし」はすべてスープに入れて。

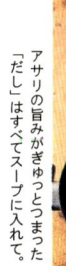

サバイー

アロイー

トムヤムクン
辛味と酸味がクセになる！
タイ伝統のスープ

タイ料理店でおなじみの味が、
とってもカンタンにできる！
日本でおなじみの食材でアレンジした、
ごはんにもあう、奥深い風味が特徴です。

エビの殻でだしをとるのが鉄則！
おいしい旨みをしっかり出して。

専門的な食材「ふくろたけ」の代わりに「エリンギ」を使用。

★材料（2人分）

エビ（殻付き）── 6匹
エリンギ ── 1本
しょうが ── 1片
長ねぎ（青い部分）── 適量
水 ── 450cc
トムヤムクンペースト ── 25g
香草 ── 適量
レモン ── 適量

★作り方

1 エビは殻をむき、殻としょうが、長ねぎに水を加え、
 10分程度弱火にかけ、しっかりだしをとる。
2 1のだしに5mm程度に輪切りにしたエリンギ
 （笠の部分は8等分）を加えて煮る。
 火が通ったらトムヤムクンペーストを溶きながら入れる。
 ペーストが溶けたら背わたをとったエビを入れて、火を通す。
3 トッピングに香草を乗せ、レモンをしぼる。

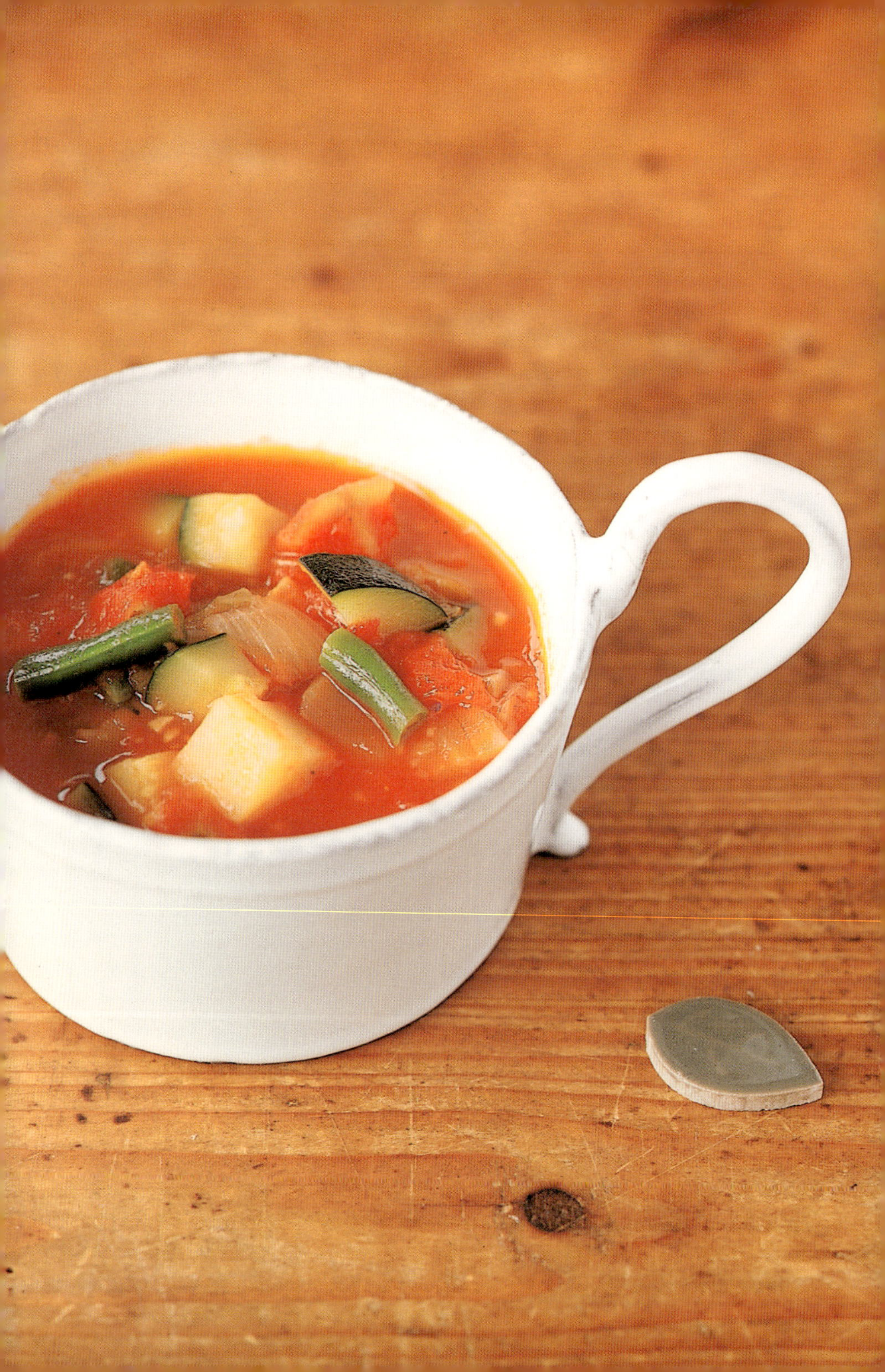

ミネストローネ

**残った野菜は鍋に集合！
初心者さん歓迎のカンタンスープ**

お料理初心者さんでも失敗しないミネストローネ。
"具材をすべて均一サイズに切る"コツを覚えておけば、
見た目もおいしく仕上がります。
ごぼうやサツマイモを入れても◎。

★材料（2人分）

- オリーブオイル——大さじ1
- にんにく——半片
- セロリ——¼本
- ベーコン——2枚
- 玉ねぎ——¼個
- にんじん——¼本
- ズッキーニ——¼本
- トマト水煮（ダイス）缶——200g
- キャベツ——2枚
- いんげん——4本
- チキンブイヨン——300cc
- 塩——小さじ1弱
- こしょう——少々
- ドライバジル——少々

★作り方

1. にんにくはみじん切り、その他の野菜は1cm角に切る。
2. 鍋にオリーブオイルを入れ、
   弱火でにんにく、ベーコン、野菜の順に炒める。
3. ドライバジル、トマト水煮、チキンブイヨンを加えて
   弱火で野菜が柔らかくなるまで煮て、
   塩、こしょうで味を整える。
4. お好みで粉チーズをトッピングする。

セロリは香りが、ズッキーニは食感がいい。

トマト缶は、ダイス状にカットしてあるもので。

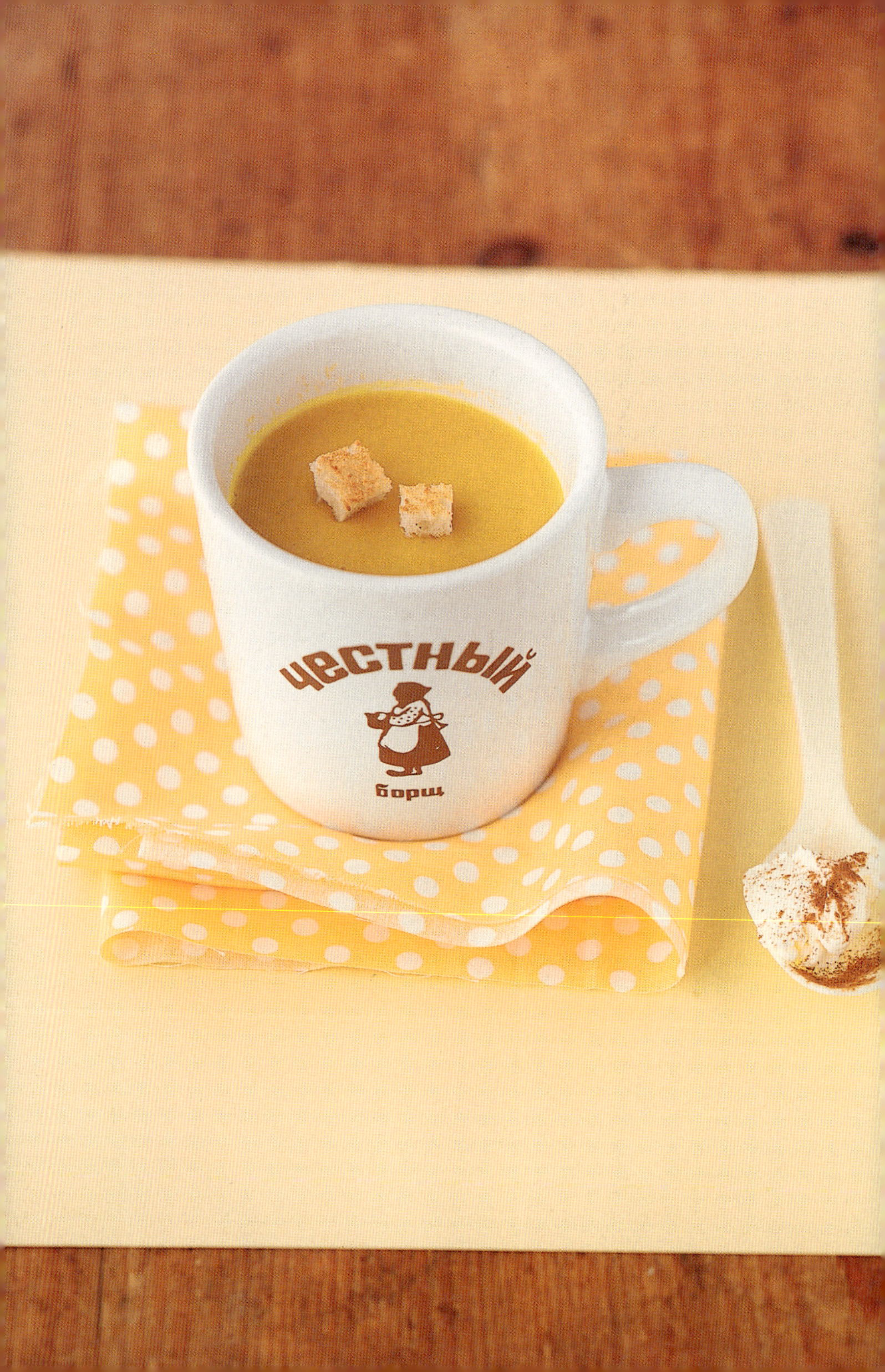
честный
борщ

パンプキンスープ

砂糖不使用!
美容効果も満点のまろやかスープ

冷え性対策に効果的なかぼちゃの旨み、
栄養をギュッと濃縮しました。
トッピングはクリームチーズで。生クリームをたらして
ぐるぐるしてもかわいい&おいしい♪

★材料(2人分)

バター —— 10g
かぼちゃ —— ¼個
玉ねぎ —— ⅓個
チキンブイヨン —— 400cc
牛乳 —— 150cc
塩 —— 少々

クルトン —— 適量
クリームチーズ —— 適量
シナモン —— 少々

★作り方

1 かぼちゃは種と皮を取り薄切りにする。
  玉ねぎも薄切りにする。
2 バターで1を弱火で炒め、玉ねぎが透き通ってきたら
  チキンブイヨンを入れ、野菜が柔らかくなるまで
  弱火で煮る。
3 2をミキサーに入れ、2、3分かける。
4 3を鍋に戻し、牛乳を少しずつ加えて弱火にかける。
  塩少々でかぼちゃの甘みを引き立てて、火が通ったら
  できあがり。トッピングはお好みで、クルトンや
  クリームチーズ、シナモンなどを加えてもおいしい。

かぼちゃは黄味が強く、どっしりと重いものをセレクト。

クリームチーズはお好みで。

好

サンラータン(酸辣湯)

中国でおなじみの"酢っぱいスープ"。
日本風にアレンジして登場!

サンラータンは中国ではポピュラーなスープですが、
日本人にはなじみの薄い「酢の入ったスープ」。
今回は酢の量を控えめにして
食べやすい風味に仕上げました。

★材料(2~3人分)

ごま油——中さじ1
豚バラ小間切れ肉——50g
しいたけ——2枚
たけのこ——30g
豆腐——¼丁
チンゲン菜——3枚
鶏ガラスープ——300cc

片栗粉——中さじ1
卵——½個
しょうゆ——中さじ1
酢——大さじ1
塩——小さじ1
こしょう——少々

★作り方

1 鍋にごま油を入れ、豚バラ小間切れ肉を炒め、
 細切りのしいたけとたけのこを加えて炒める。
2 鶏ガラスープを入れ、1cm×4cm程度の
 細切りにして水気を切っておいた豆腐と、
 3cm幅に切ったチンゲン菜を加え、
 火が通ったらしょうゆ、塩、こしょうで
 味付けし、溶き卵を回し入れる。
3 酢を入れたら、同量の水で溶いた片栗粉を加え、
 とろみがついたら完成。

水気をたっぷり含んだチンゲン菜と、市販のタケノコ。卵のふわふわ感が、サンラータンによく合います。

おさかな

ブイヤベース

もとは南フランスの漁師料理。
魚介の旨味をたっぷり召し上がれ！

魚は白身・赤身ならなんでもOK！
特にゼラチン質が多い魚が最適。
魚屋さんに3枚におろしてもらって
アラも持ち帰ると楽チン！
このスープで大根やカブを煮てもおいしい。

貝類はよく洗って、殻の汚れを落として。

魚は3枚におろして、アラはだしに使うので捨てないで。

★材料（2～3人分）

アサリ —— 6個
ムール貝 —— 4個
有頭エビ —— 2尾
めばる —— 1匹
小鯛 —— 1匹

オリーブオイル —— 大さじ1
玉ねぎ2分の —— 1個

にんにく —— 半片
にんじん —— 1/2本
白ワイン —— 100cc
トマト —— 1 1/2個
水 —— 700cc
ブーケガルニ —— 1束
サフラン —— ひとつまみ
塩小さじ1、こしょう少々

★作り方

1 貝類はよく洗ってムール貝は足糸を抜いておく。
魚は3枚におろしてから適当な大きさに切る。
魚のアラはよく洗って血抜きしてからぶつ切りにしておく。

2 鍋にオリーブオイルとつぶしたにんにくを入れて炒め、
薄切りにした玉ねぎ、にんじんを加えて
しんなりするまでいためる。

3 魚のアラを入れてさらに炒め、水分が飛んでアラが
ボロボロになったら白ワインを入れて煮詰める。

4 乱切りにしたトマト、水、ブーケガルニ、サフランを加えて
30分程煮込んでこす。

5 こしたスープを鍋に戻し、塩、こしょうで味を整えて、
魚介類を入れて火が通ったらできあがり。

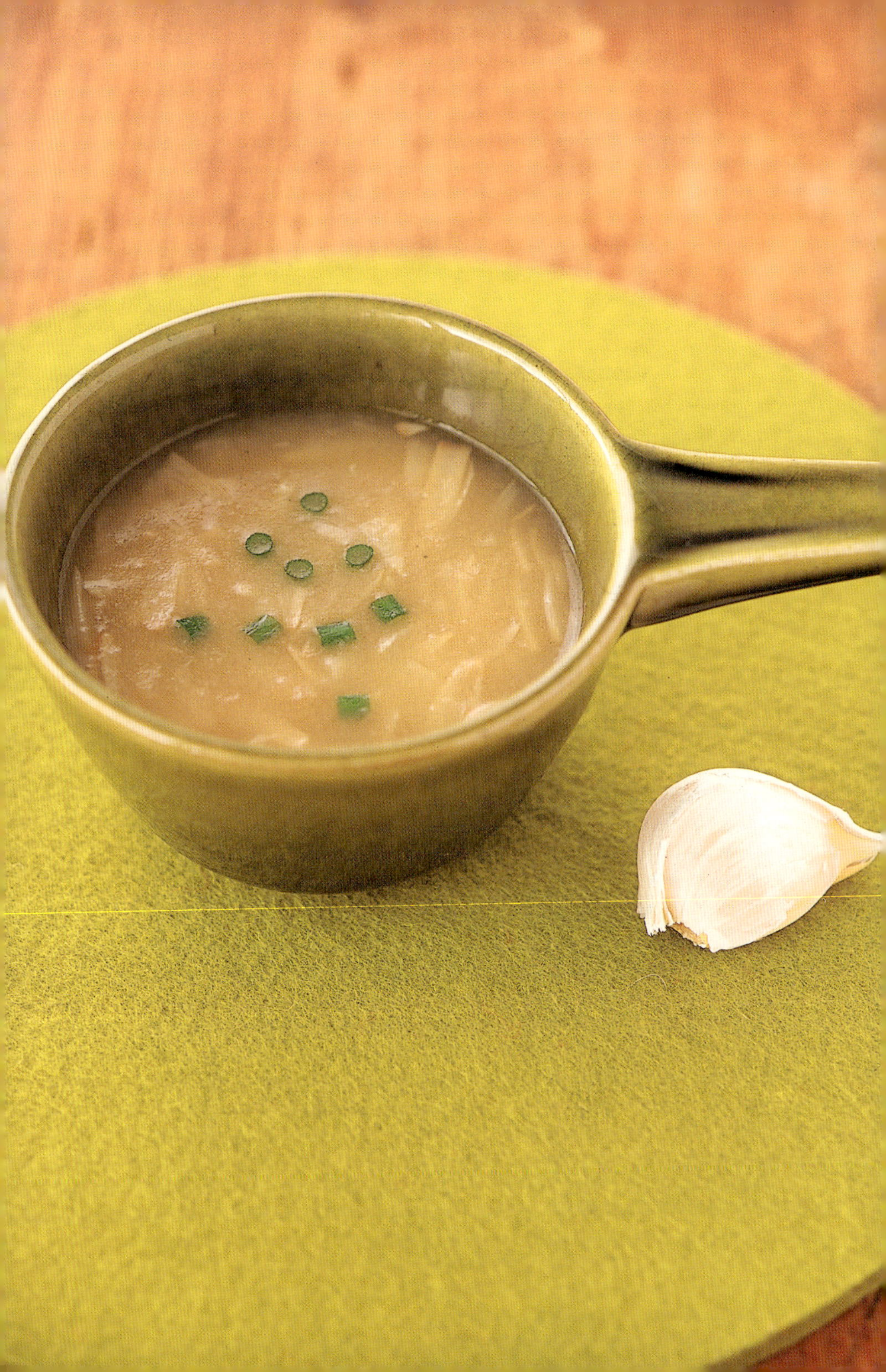

ガーリックスープ

カゼ予防、食欲増進効果も！
元気になれるスープの代表。

「古代エジプトではピラミッド建設の労働者に
食べさせていた」といわれるガーリック。
抗酸化効果も高く、食欲増進効果も！
タイムを加えてすっきり味に仕上げました。

★材料（2人分）

バター —— 15g
にんにく —— 6片
小麦粉 —— 中さじ2
チキンブイヨン —— 600cc
白ワイン —— 40cc
塩 —— 小さじ2
こしょう —— 少々
タイム —— 少々
小口ねぎ —— 少々

★作り方

1 にんにくは芽をとり除いてスライスする。
2 鍋にバターを入れ、にんにくを弱火で
  きつね色になるまでじっくり炒める。
3 別の鍋で粉ふるいにかけた小麦粉を炒め、
  チキンブイヨンで少しずつのばしてなめらかにする。
4 2に3を少しずつ加えながら、さらに白ワインを加え
  弱火で15分程度煮込んで、塩、こしょう、タイムで味を整える。
  上に3mm程度にきった小口ねぎをちらして完成。

にんにくは
ぽってりした
大きなものを！

小口ねぎは
食べる直前に
トッピング。

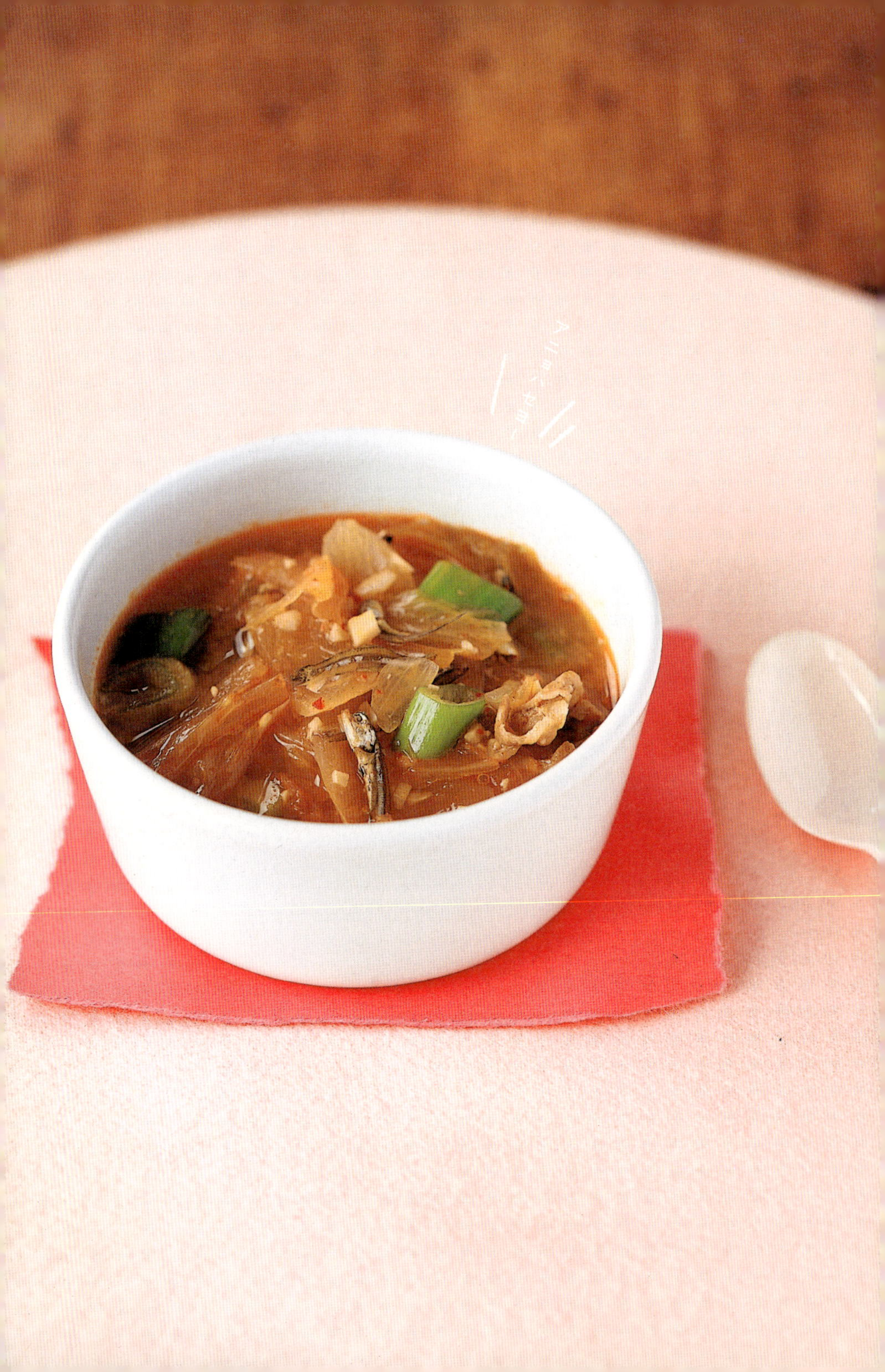

キムチチゲ

煮干もそのまま食べちゃう、体が芯からあたたまる韓国スープ

煮干しのだしをよく使うチゲスープ。
そのままでも食べられる煮干を使えば、
カルシウム補給もできるし、だしも出るので便利。
豆腐やニラを入れて鍋にしてもGOOD！

★材料（2人分）

ゴマ油──中さじ2	食べる煮干し──5g
にんにく──半片	水──350cc
豚肉──60g	味噌──大さじ1
キムチ──60g	コチュジャン──中さじ2
玉ねぎ──¼個	長ねぎ──適量

★作り方

1. にんにくをみじん切りにし、豚肉、キムチは一口大、玉ねぎは大きめのくし切りにする。
2. ゴマ油で、にんにく、豚肉、玉ねぎ、キムチの順に炒め、水、食べる煮干しを入れて、沸騰するまで中火で煮る。
3. 1cm幅に切った長ねぎを入れ、軽く火を通したら、味噌、コチュジャンで味付けする。

市販のキムチと、ちょっと小ぶりな食べる煮干。

ねぎの食感、甘味もこのスープのポイント。

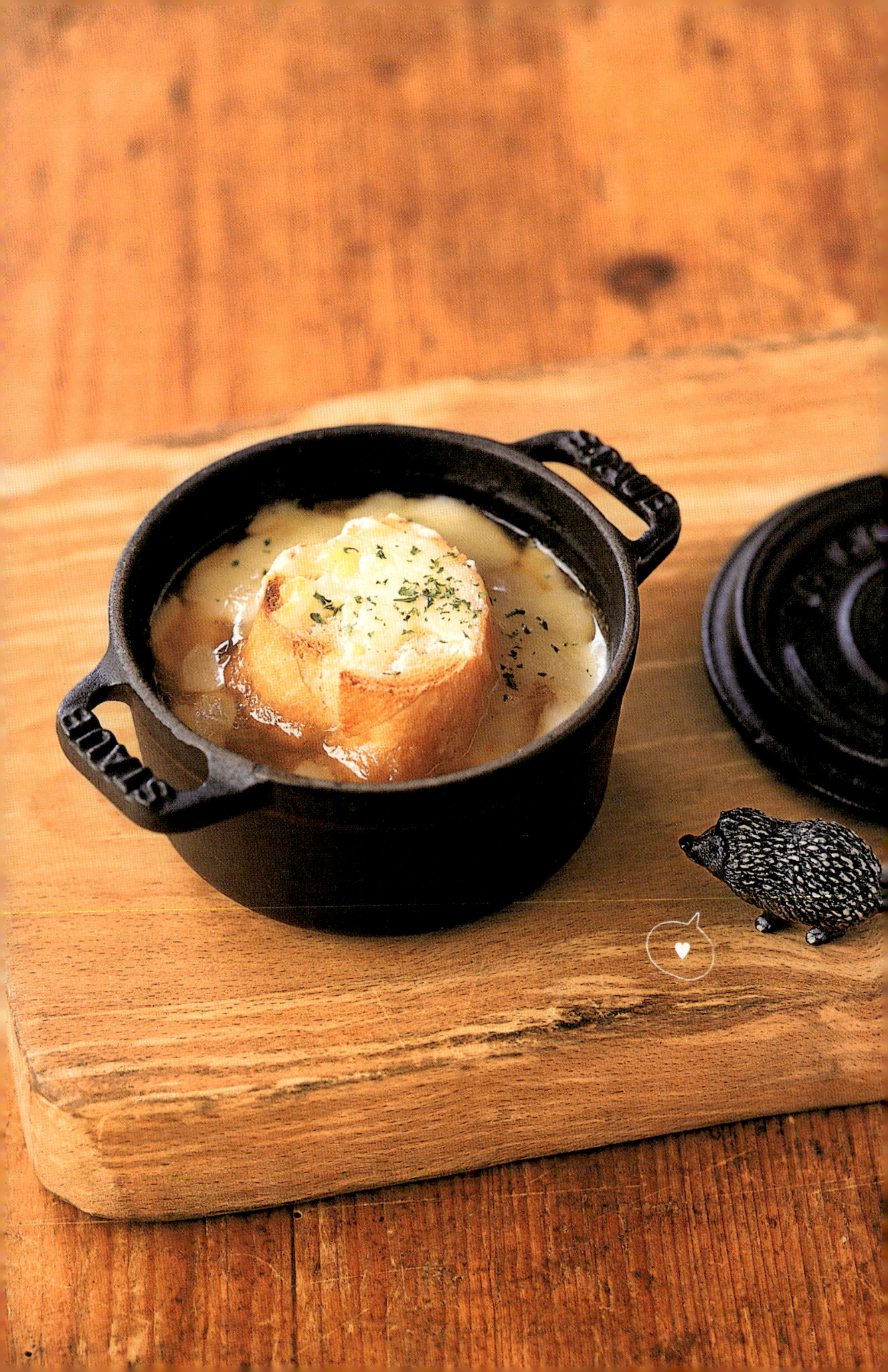
STAUB

オニオングラタンスープ

フランス家庭料理の代表のひとつ。
玉ねぎの甘味をめしあがれ！

このスープの味の決め手は、
玉ねぎをじっくりと飴色になるまで炒めること。
トロトロチーズとさくさくバケットと一緒に食べる、
あったかスープです。

★材料（2人分）

- バター —— 20g
- 玉ねぎ —— 1個半
- ビーフブイヨン —— 400cc
- 塩 —— 小さじ1
- バゲット —— 2切れ
- とろけるチーズ —— 適量
- ドライパセリ —— 適量

★作り方

1. 玉ねぎは半分に切って薄切りにする。
2. 鍋にバターをしき、1を弱火で20分ほど炒める。
3. 玉ねぎが飴色になってきたらビーフブイヨンを加え、弱火で5分ほど煮る。その後、塩で味を整える。
4. 3を耐熱容器に入れ、あらかじめ軽く焼いたバゲットをのせて、その上にとろけるチーズをのせてオーブントースターでチーズが溶けるまで焼く。トッピングにドライパセリをのせて完成。

玉ねぎは薄く均一に切ると、火の通りがよくなる。

バゲットは器におさまるように、輪切りにして。

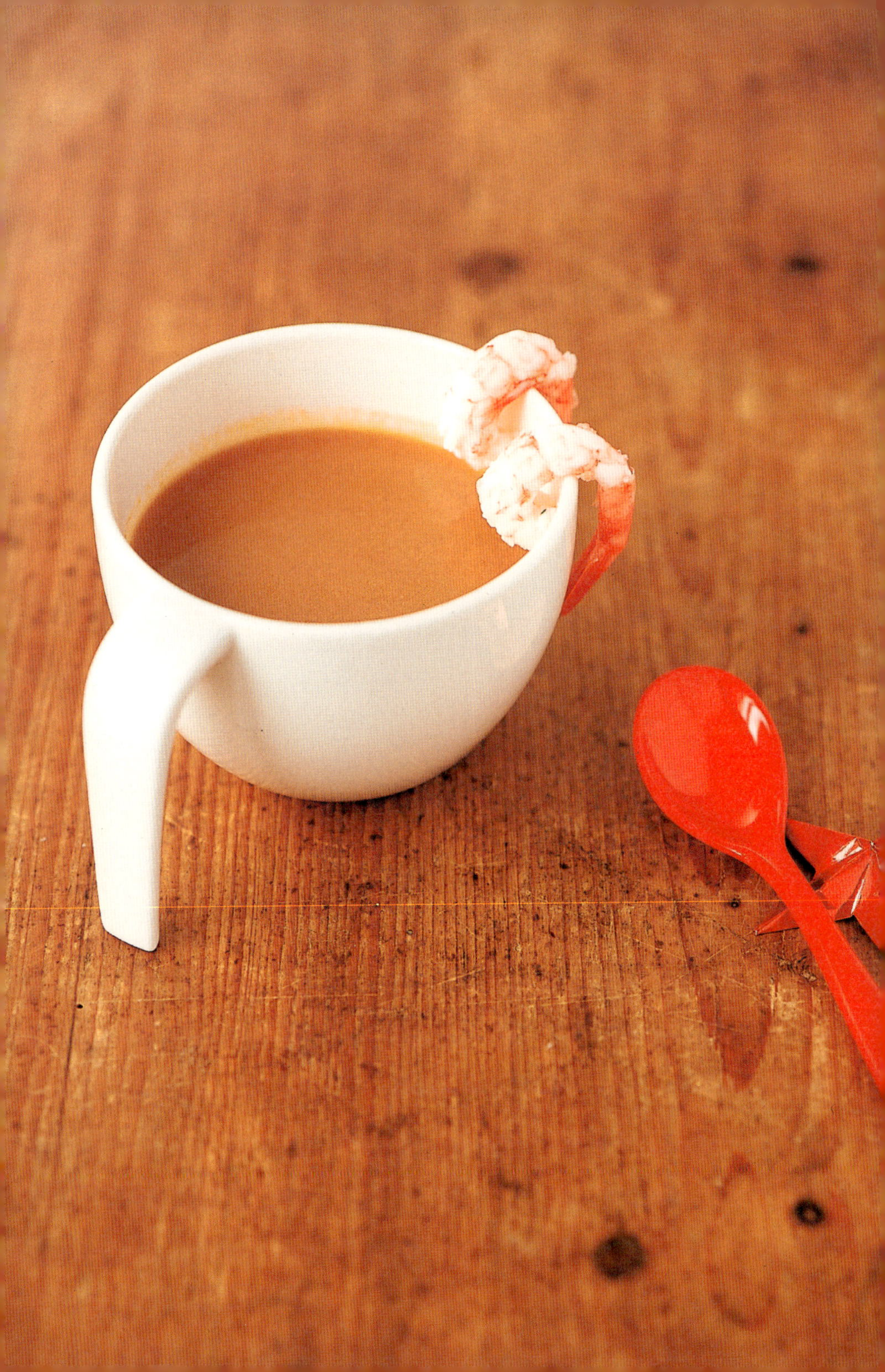

エビと相性がいいトマトとローリエが名脇役に！

「ビスク」の甘味を引き立てる野菜たち！

ビスク
高級レストランでおなじみスープが家庭でも！

甲殻類をすりつぶしたスープを「ビスク」といいます。
ロブスターやカニなどでもおいしくできますが、
これはおなじみの食材・甘エビを使った
カンタンレシピです。

★材料（2〜3人分）

オリーブオイル──中さじ2	ローリエ──1枚
有頭甘エビ（殻付き）	白ワイン──大さじ1
──250g（30尾程度）	水──500cc
玉ねぎ──1/4個	塩──小さじ1半
セロリ──1/4本	こしょう──少々
にんじん──1/4本	生クリーム──大さじ1
トマト──1/2個	塩ゆでした甘エビの身──適量

★作り方

1. 鍋にオリーブオイルを入れ、トマト以外の野菜の薄切りをしんなりするまで炒める。そこへ頭付きの甘エビを殻ごと加えて、水分が飛ぶまで炒める。
2. 1にトマトを加えさらに炒める。素材が全体に混ざったら、白ワイン、水、ローリエを加えて弱火で30分煮込む。
3. 2をミキサーに3分程かけてこし器にかける。
4. 3を鍋に戻して弱火にかけ、生クリームを加え、塩、こしょうで味を整える。トッピングに塩ゆでして皮をむいた甘エビの身を添える。

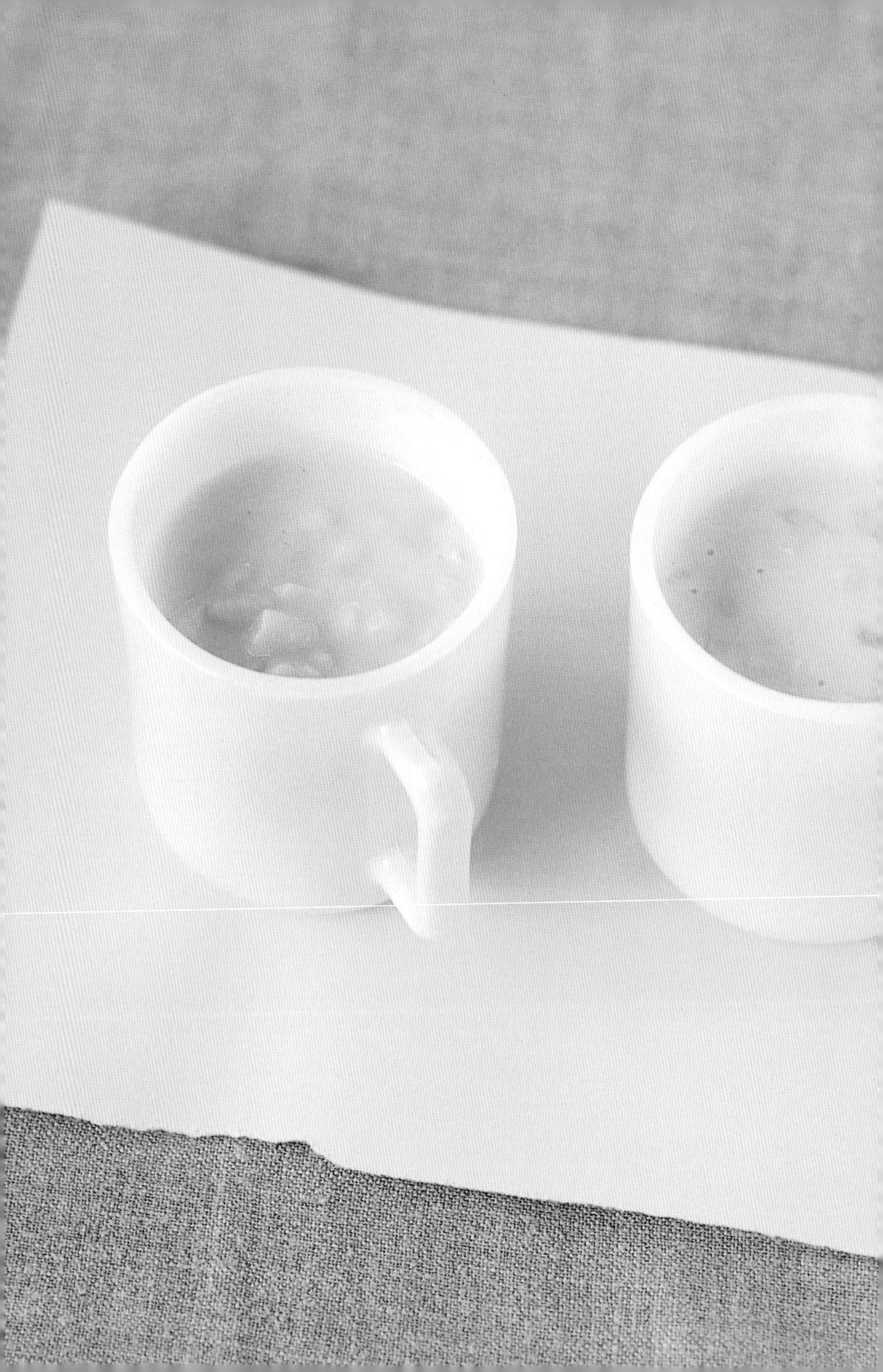

コーンスープ

朝食にもオススメの、
みんな大好き！ 定番スープ

コーンペーストをしっかりうらごしするのがコツ。
カンタンにできるから、お料理初心者でも失敗知らず！
レシピでは塩や砂糖を使っていませんので、
お好みで加えて、お好きな味に仕上げて。

★材料（2人分）

バター —— 10g
コーンホール缶 —— 1缶（265g）
玉ねぎ —— ½個
チキンブイヨン —— 200cc
牛乳 —— 150cc

★作り方

1 コーンは缶汁を切って、⅔をスープ用に、
  残りを具のためによけておく。玉ねぎは薄切りにする。
2 鍋にバターを入れ、**1**を弱火で炒め、
  玉ねぎが透き通ってきたら、チキンブイヨンを入れて
  10分程度弱火で煮る。
3 **2**をミキサーに2、3分かける。
4 **3**を裏ごしして鍋に戻し、具のコーン、
  牛乳を加えて弱火にかける。
  具のコーンに火が通ったらできあがり。

焦げないように、玉ねぎの色に注意しながら炒める。

まろやかな口当たりのために、しっかり裏ごしを。

1
2
3

ボルシチ

**ロシア、東欧地方の家庭の味も
お手軽に完成！**

家庭の数だけ作り方がある「ボルシチ」。
サワークリームを乗せていただく風習は、
どの家庭も共通といわれています。
お肉が多めで、メインディッシュとしても最適！

缶詰のビーツは鮮やかな色が飛んでしまうので最後に加える。

お肉はあらかじめ両面焼いて、旨みを閉じこめて。

★材料（2〜3人分）

オリーブオイル ── 中さじ1	トマト水煮（ダイス）缶 ── 25g
にんにく ── 半片	ローリエ ── 1枚
牛すね肉 ── 140g	ビーフブイヨン ── 300cc
ビーツ ── ½缶（120g）	赤ワイン ── 20cc
セロリ ── ½本	塩 ── 少々
玉ねぎ ── ½個	こしょう ── 少々
キャベツ ── 2枚	サワークリーム ── 適量
じゃがいも ── 1個	黒こしょう

★作り方

1. にんにくはスライス、玉ねぎは大きめのくし切り、キャベツは5cm角、じゃがいもは4つ切りにして水にさらしておく。大きめの角切りにした牛肉に、塩、こしょうを少々ふる。
2. 鍋にオリーブオイルを入れ、**1**の牛肉の表面に焼き色がつくように強火でさっと炒める。
3. **2**の鍋に野菜を加え、中火にしてさらに炒める。全体に火が通ったら、赤ワイン、トマト水煮、ローリエ、ビーフブイヨンを加え、弱火で牛肉が柔らかくなるまで煮る。煮立ったら缶汁を切ったビーツを入れ、ビーツに火が通ったら、塩、こしょうで味を整える。
4. お好みでサワークリームや黒こしょうをトッピングする。

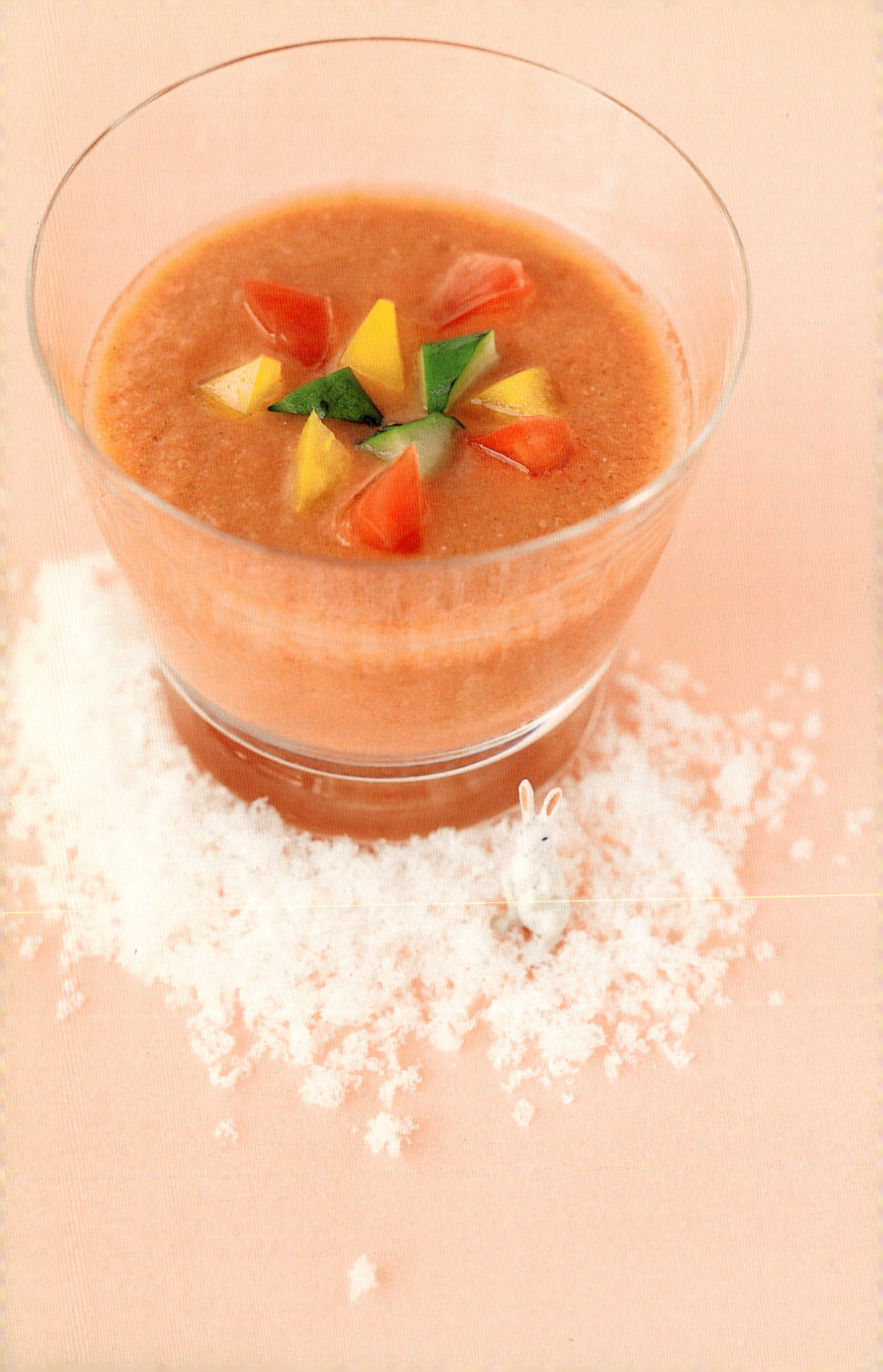

ガスパチョ

スペイン・アンダルシア地方生まれの冷たいスープ

太陽の国・スペインで生まれた冷たいスープは、野菜のビタミンがギュっとつまって、疲労予防にも効果的。さわやかな酸味が食欲を刺激するさっぱりスープ。

★材料（2人分）

- トマト —— 1個
- セロリ —— 1/4本
- きゅうり —— 1/3本
- 赤ピーマン —— 1/2個
- パン（食パンでもフランスパンでも可） —— 15g
- 水 —— 20cc
- トマトジュース —— 50cc
- にんにく —— 少々
- 赤ワインビネガー —— 小さじ1
- オリーブオイル —— 中さじ2
- 塩 —— 少々
- カイエンペッパー（またはタバスコ） —— 少々

★作り方

1. ミキサーに材料すべてを入れて、2〜3分かける。
2. 1を器に入れて、トッピングを散らして完成。
3. 彩りとして、トッピングにきゅうり、トマト、黄パプリカなどを加える。

甘みたっぷりのパプリカを使用。

ビタミンC豊富な野菜で、お肌もすべすべに！

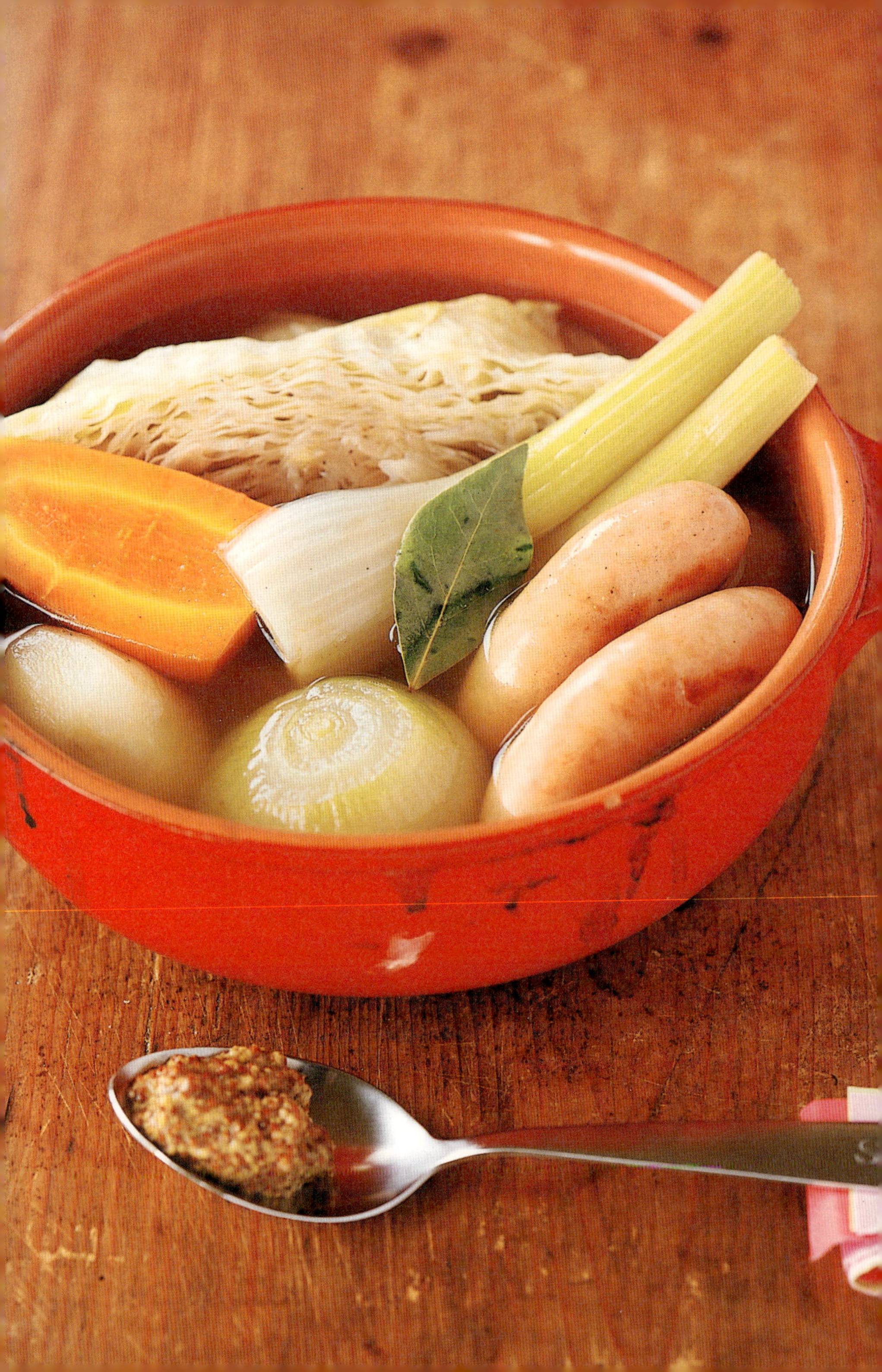

ポトフ

**フランスからやってきた、
心も体もポカポカスープ**

フランクフルト以外にも塩漬け肉、
ブロックベーコンなどなんでもOK。
野菜も、かぶ、大根、きのこ類など、
季節のおいしい野菜でアレンジしてください。

★材料（2〜3人分）

- フランクフルト —— 4本
- 玉ねぎ —— 1個
- じゃがいも —— 2個
- セロリ —— 2本
- にんじん —— 1本
- キャベツ —— 1/2個
- チキンブイヨン —— 1ℓ
- ローリエ —— 1枚
- 塩 —— 少々
- こしょう —— 少々
- 粒マスタード —— 適量

★作り方

1. 野菜はできるだけ切らずにまるごと使う（にんじんなど火の通りにくい野菜は半分に切る）。フランクフルトは表面を焼いておく。
2. 材料を鍋になるべく隙間なく入れ、上からローリエ、軽く塩、こしょうしてチキンブイヨンを入れる。
3. アルミ箔などで落としぶたをして、弱火で30分程度煮込む。
4. スープの味をみて、塩、こしょうを足して味を整える。食卓に出す時はお皿に具を引き上げて粒マスタードを添えて。スープはカップでいただく。

材料はギュッと鍋に詰め、かき回さないのがポイント。

フランクフルトの塩分やスパイスでコクのあるスープに。

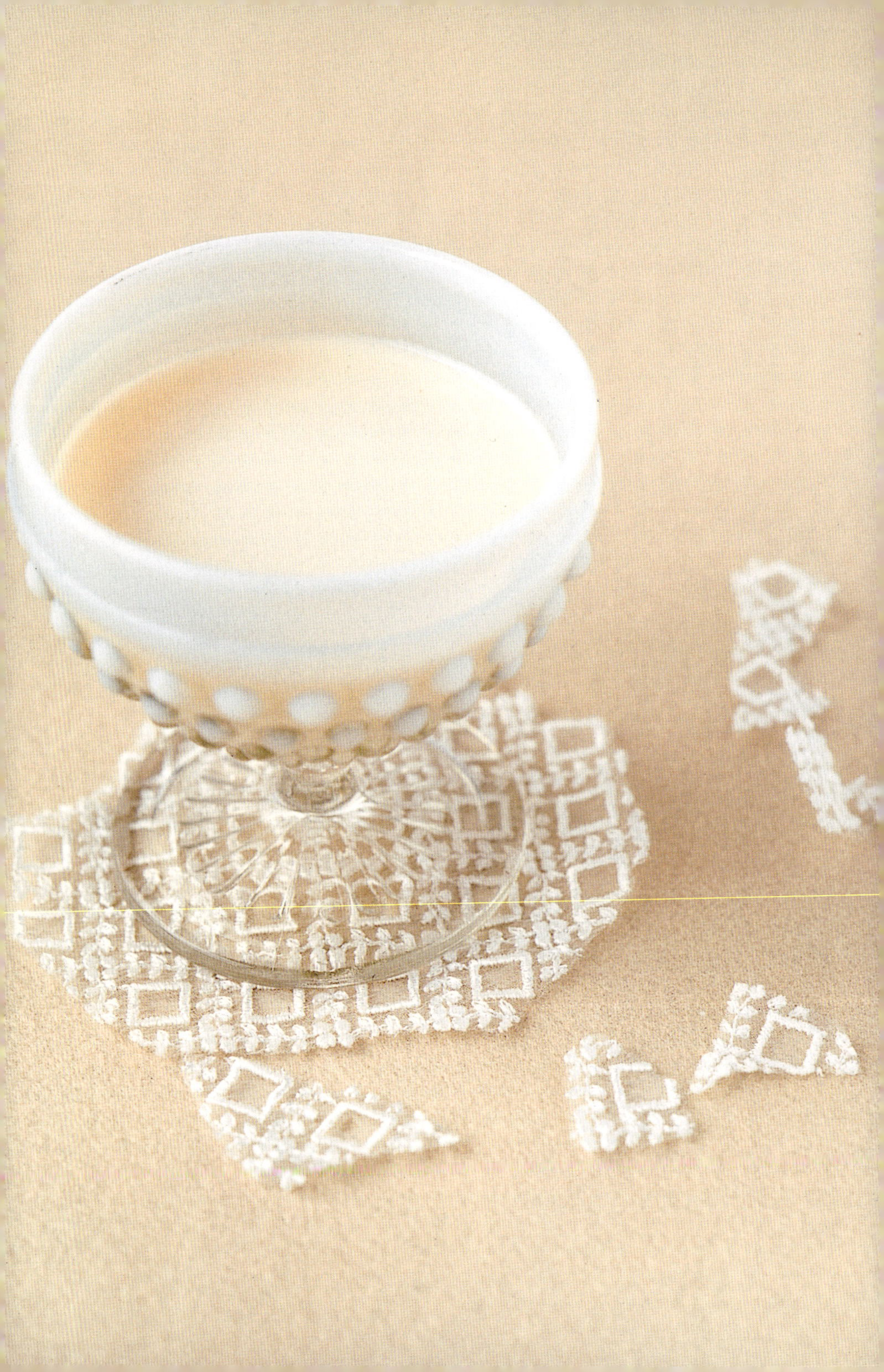

ビシソワーズ

口当たりなめらか、
見た目もさわやかなスープの貴婦人

フランスの有名な温泉地「ヴィシー」生まれの冷製スープ。
成功のコツは、素材を炒めるときに焦がさないこと。
盛り付けの器も冷蔵庫で冷やして、おいしく召し上がれ！

★材料（2人分）

バター——5g	牛乳——大さじ2
玉ねぎ——1/6個	生クリーム——大さじ2
白ねぎ——1/4本	塩——少々
じゃがいも——1/2個	こしょう——少々
チキンブイヨン——250cc	

★作り方

1 鍋にバターを入れ、玉ねぎ、白ねぎ、
  じゃがいもの薄切りを中火で炒める。
2 1にチキンブイヨンを入れ、
  弱火で野菜が柔らかくなるまで煮る。
3 1をミキサーにかけてこし、鍋に戻して牛乳、生クリームを
  入れて弱火にかけ、塩、こしょうで味を整える。
4 3を冷蔵庫で冷やす。

ねぎ類と
じゃがいもを
同時に火にかけ、
なじませる。

まろやかさの
決め手になる
牛乳と生クリームは
同量ずつ。

SOUPのコツ

Lesson 1 ── だしのコツ

Lesson 2 ── 作り方のコツ

Lesson 1
だしのコツ

手作りの"スープだし"のレシピに入る前に、「いちから作る時間が…ない」方のため、お店に売られている"市販だし"で代用するときのコツをご紹介します。

市販だしは、記載量の½を使う

スープの具材（肉、魚介、野菜、つまりなんでも！）にはそれぞれの素材の旨味や風味があります。例えば、肉には野菜にはない動物性の旨味があり、ベーコンやウンナーには塩気もある。アサリやエビは海の香りが独特のエッセンスになり、にんじんや玉ねぎは甘味がある。緑色の葉もの野菜は野性的なえぐみのあるものもある…。それら素材の組合せによって、スープの旨味が形成されるといっても過言ではありません。

ところが、市販だしには、それ自体に多くの塩分や糖分が含まれて「味付け」されていて、具材の旨味や風味が消されてしまいがち。使用する際は、"記載されている分量の半分"にしてみて。また、選ぶときは、できるだけ無添加のだしを。

市販だしには、どんなものがあるの？

和風だしには、顆粒のかつおだしや昆布だしなども売っています。中でも、パック入りで煮出す無添加タイプが一番手作りに近いだしになるので、オススメです。

洋風スープには、チキンブイヨン、ビーフブイヨン、コンソメなど、多様な市販だしがあります。チキンブイヨン、コンソメはどんなスープにも使えますが、ビーフブイヨンは甘味があるので、牛肉を使ったスープや、オニオンスープなど、コクや甘味を引き立たせたいスープに使います。

中華だしは、『鶏ガラスープ』という顆粒だしがあります。残念ながら、無添加の中華だしはあまり見かけません。鶏肉とねぎ、しょうがを煮出すだけでもカンタンな中華だしはできるので、ぜひ一度チャレンジしてみてください。

Lesson 1 だしのコツ

鶏のだし

鶏ガラと残り野菜で作るチキンブイヨン。鶏の最後の部分(ほぼ骨だけの状態＝鶏ガラ)と、残り野菜が主な材料、つまり…余りモノ同士で作るだし汁！　でもこれがスープをおいしくする万能スープだしになるのです。

★材料

鶏ガラ500g、水2ℓ、玉ねぎ1/3個、にんじん1/3個、セロリ1/3本、ニンニク半片、ローリエの葉1枚、粒こしょう少々。基本のチキンブイヨンは、このような材料が目安ですが、鶏ガラと残り野菜があれば作れます。ハーブ類をプラスすると臭みが消えておいしく仕上がります。

1 鶏ガラはお肉屋さんで手に入ります。丸ごとだと家庭用の鍋に入らないかもしれないので、「ブツ切りにしてください」とお肉屋さんにお願いしてみましょう。

2 鶏ガラは水洗いして、熱湯でさっと下ゆでして余分な脂を落としておきます。その後冷水につけてアク抜きしておけば準備OK。これを怠ると、脂ギトギトの臭みのあるチキンブイヨンになってしまう恐れあり。

3 レシピ通りの野菜が揃わなくても問題ナシ！余った野菜の皮や芯、セロリの葉、長ねぎの青い部分などくず野菜でOK。野菜は粗くきざんでおきます。

4 鍋に水と鶏ガラを入れ強火にかけます。沸騰したら弱火にしてアクを取ります。野菜とローリエ、粒こしょうを入れて、鍋ふたはしないで1時間程度煮込みます。かき回さないように！

5 1時間後、アクが出ていたら取り除き、鶏ガラや野菜を取り出します。スープを清潔な布やキッチンペーパーを敷いたこし器でゆっくり静かにこします。丁寧にこすのが、透明で美しいブイヨンを仕上げるコツです。

Lesson 1 だしのコツ

牛のだし

琥珀色の美しいビーフコンソメは、
骨付き牛すね肉で作ります。
骨付きが手に入らなければ、
すね肉だけでもおいしくできます。
だしをとった後のすね肉は捨てないで！
サラダや和え物として活躍してくれます。

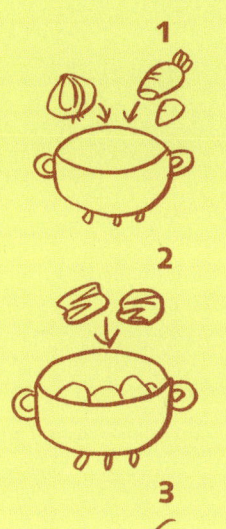

★材料

牛すね肉（できれば骨付き）500g、水2ℓ、玉ねぎ1個、にんじん1本、セロリ½本、ブーケガルニ1束、卵白3個分、サラダ油、砂糖、塩、こしょうは各少々。煮込んでいる間は、アク取り作業が必須！　上品でコクのあるスープができます。

1 牛すね肉はオーブンでこんがり焼きます。野菜は材料の半分くらいを粗くきざみ、サラダ油で炒めます。このとき少量の砂糖を入れるのがコツ！

2 焼いた牛すね肉を鍋に加えてよく炒め、水を加え強火にかけます。出てくるアクはしっかり取って。弱火にしてブーケガルニを入れ、8時間ほどグツグツ煮込みます。

3 8時間を経過したらあら熱を取り、肉だけ取り出してこし器でこします。先に残しておいた半量の野菜をきざみ、卵白と練り合わせておき、こしたスープに入れて混ぜ合わせます。

4 野菜と卵白を入れたスープを再度火にかけ、沸騰直前で弱火にします。その後は、またコトコトと2時間ほど煮込みます。卵白はスープのフタになってくれるので鍋ぶたはナシ！

5 2時間煮込んだら、野菜を取り除き、卵白の膜をよけ、スープをそっとすくい出します。できればもう一度こし器でこしましょう。美しいビーフブイヨンのできあがり！

Lesson 1　だしのコツ

魚のだし

スーパーや魚屋に"魚のあら"コーナーが
あるのをご存知ですか？
ここでは、頭や骨だけになった高級魚が、
"あら"の状態で激安価格になっています。
白身や赤身の魚をチョイスして、
魚のだしを作ってみましょう。

★材料

魚のあら（白身魚・赤身魚）500g、水2ℓ、玉ねぎ1個(小サイズ)、ブーケガルニ1束、ローリエ1枚、粒こしょう少々。魚のだしは、作りたての新鮮さが身上。できれば冷凍はせずに、すぐに使い切りましょう。

1 魚のあらは、しっかり洗います。流水で洗うか、ボールで洗うなら何回か水を替えて洗ってください。臭みが気になる場合は、ぬるめのお湯で洗いましょう。

2 野菜は粗くきざみます。深底の鍋を用意し、魚のあらと切った野菜など材料すべてを入れ、水を加えて強火にかけます。沸騰したら火を弱めて20分間煮込んでいきます。

3 煮込んでいる間は、きちんとアク取りをしましょう。どのスープだしも、アク取りを怠らないように！　このガンバリが、澄んだおいしいだし作りにつながります。

4 20分煮込んだら火を止め、粗熱を取ります。熱がとれたら清潔な布やキッチンペーパーを敷いたこし器で静かにこします。魚には細かい骨などが多いので、ゆっくり丁寧にこしていきましょう。

Lesson 1 だしのコツ

野菜のだし

塩やこしょうなどの調味料を使わずに作る、
野菜のだし。味付けをしないので、野菜本来の味が
最大限に引き出され、ミネラルもたっぷり!
赤ちゃんの最初の離乳食として
よく使われるのも実は「野菜のだし」です。

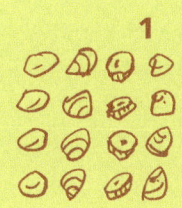

★材料

玉ねぎ1個、にんじん1本、セロリ1本、じゃがいも1個、長ねぎ1本、にんにく1片、ローリエ2枚、粒こしょう少々、水2ℓ。これはベーシックな野菜のだしの材料ですが、どんな野菜を使っても作れます。根菜類なども入れて、ぜひ作ってみてください。赤ちゃんの離乳食に使う場合は、香味野菜は抜いて。

1 材料の野菜は粗くきざんでおきます。この野菜を全部鍋に入れて水を加え、沸騰させます。沸騰したら弱火にし、40分ほど煮込みます。

2 よく煮込んだら、こし器を使って静かにこします。これで終了! もっと濃い風味を出したい場合は、こした後に再度鍋にかけ、沸騰させて煮詰めれば深みのある味になります。

# Lesson 2
作り方のコツ

煮込みのポイント

スープ作りで欠かせないのが『煮込み』作業。
出来上がりまで時間のかかるスープには、
グツグツグツグツ…煮込む時間が必要。
その際のポイント＆留意点をまとめました。

ぐるぐるしない

具だくさんスープは「ぐるぐる」かき回さないのが鉄則。
特に『ポトフ』はぐるぐる厳禁のスープ。
大きいお肉にまるごと野菜。具材そのままが命！なスープだから、
ぐるぐる混ぜたくなる衝動はおさえましょう！
スープを優しくかき回すのは、鍋の焦げつきを防ぐのと、
調味料を混ぜ合わせるときくらい。
鍋を余分にかき混ぜると悲しい結果が待っています。

①野菜など具の繊維が壊れる。
②透明で美しいはずのスープが濁る。
③具が潰れて見た目が離乳食のようになる。
④何より味が落ちてしまう
余計な「ぐるぐる」は、ぜひガマンしてください。

あわてずに、待つ！

今回のレシピでは、とてもカンタンにできるスープが満載。
ただし！ 煮込むのに時間が必要なものもあります。
スープの具材からジワジワと出てくる旨味を
時間をかけてゆっくり引き出してください。
特に、スープのだしを作るときは気長に待ちましょう。

コトコト煮込む音を楽しむのも、スープ作りの醍醐味のひとつです。

Lesson 2　作り方のコツ

水分量のポイント

調理の過程で、水の量は重要なポイント。
スープによって時間をかけて煮込むか、
さっと仕上げるかで、水分量の目安は変わりますが、
「鍋に水分を入れるスープ」の、共通のコツを教えます。

多すぎ、少なすぎは禁物。

スープを作っていて「ちょっと水っぽいかも…」と感じたこと、
お料理経験者なら一度はあるはず。
塩や砂糖を足したり、醤油を追加したり、果ては、
お鍋の水（スープ）を捨ててみたり…なんて試行錯誤の経験が。
逆に、水分量が少な過ぎて水を追加したところ、
「やっぱり水っぽく」なる。さらに調味料をプラス…。
いずれにせよ、出来上がるのは「いまいちおいしくないスープ」。
なぜ「いまいち」になってしまうのでしょう。
その応えは実はとても簡単。
"水量と具量のバランス"に問題があるのです。

ヒタヒタよりちょっと上くらいが丁度いい。

スープ作りの肝心かなめとなるのが水加減。
時間をかけないでさっと仕上げるスープは
特に水加減に注意して。
「鍋に入れた具材より、水量は約1cmほど上」がベスト。
これ以上多いと具材が頑張って味を出しても、
水の多さに負けて水っぽいスープになります。
時間をかけて煮込むスープは、水分の蒸発を考えて。
煮込んでいくうちに具材が顔を出してしまうほど
少ない水量だと、もちろん焦げのモト。
ポイントは、仕上がりの水量は具材より1cm上くらい。
つまり「ヒタヒタよりちょっと上」が
おいしい具だくさんスープのコツです。

Lesson 2　作り方のコツ

具材のポイント その1

スープと聞いてイメージするのは
「具を水分で煮込んで作るもの」ではないでしょうか。
でも、「煮合わせる」だけのスープは、ほぼ味噌汁タイプのみ。
基本は普段作るカレーのように
「炒める」作業があるものが多いのです。

「炒める」スープ

この本では、「具材を炒める→だしを入れて煮る」
レシピを多くご紹介しています。
とにかく、おいしい具だくさんスープを作るためには、
「炒める→煮る」の法則を守ってみましょう。
炒めることで具材のおいしさを引き出し、
旨味をギュッと閉じ込めてから、
スープで煮込む。
この「炒める」作業を入れるだけで、
今までのスープとは味が変わるはず!

「煮合わせる」スープ

「炒める」の作業を省いて、
はじめから「さっと煮合わせる」タイプのスープもあります。
いわゆる"お味噌汁"づくりと同じ法則です。
煮干しや昆布などを入れ、水と一緒に火にかけ、
あとから、お豆腐やわかめなどの具材をプラスする作り方。
この本では、クイックスープの項の「わかめと温泉卵のスープ」や、
「とろろと梅干のやまいもスープ」などが
「さっと煮合わせる」タイプのスープです。

Lesson 2　作り方のコツ

具材のポイント その2

スープは冷凍庫に入れて保存できます。
冷凍すれば何日も持つうえに、解凍すればできたてと同じ味が、
いつでもホッコリ！　堪能できます。
最後のコツは具材カットのポイントです。

冷凍できるもの

冷凍OKな野菜とNGな野菜があることをご存知ですか？
基本的に、レタスなどの葉野菜や、じゃがいもなどの芋類は、
冷凍すると組織が壊れてしまうので冷凍はNG。
ただし、小さめに切ってスープに入った野菜になれば話は別。
レタスもじゃがいもも、解凍後おいしくいただけます。
余った野菜はとにかく小さくカットして、
スープにして冷凍してしまうのも、
無駄を出さない手かも!?

具材は同じサイズで

最後はスープをより美しく、おいしく作るコツです。
それは、今までのポイントの中でも一番カンタン！
それは…
「具材は同じサイズにカットすると失敗しにくい」。
たくさんの野菜を入れるミネストローネはすべて1cm角。
素材そのままの大きさを生かしたボルシチは、
全部ゴロゴロッと大きめに。
これだけで、不思議とスープがおいしく、
見た目も美しく仕上がります。

SOUP
LOVE

いつもの具材で
カンタンrecipes

どこのお家にもよくある食材で、
パパッと作れるお手軽スープ。
なので、材料は一例。
余りモノで一工夫してくださいね。

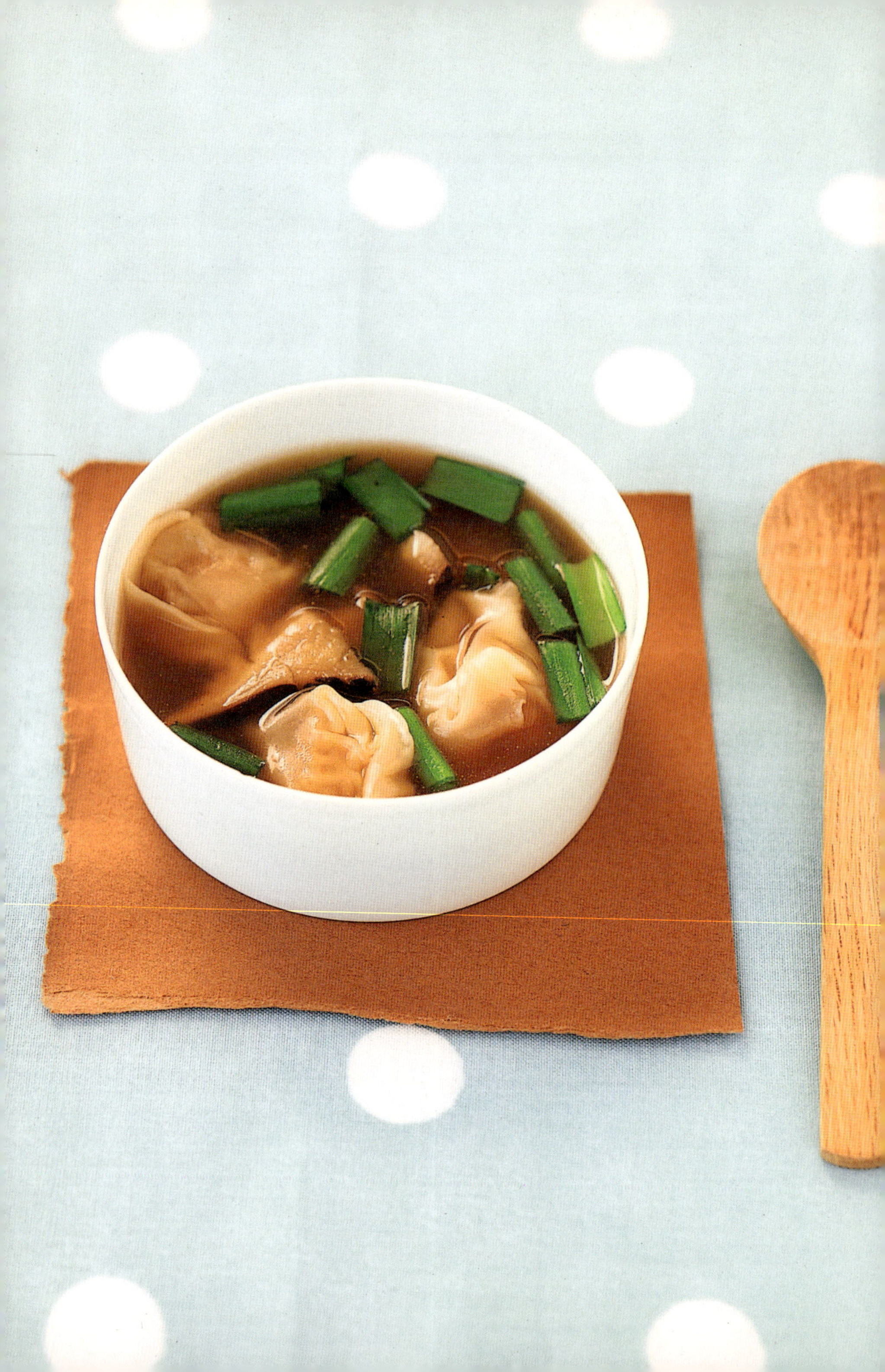

あらかじめスライスしてある干ししいたけが便利!

ワンタンはお肉をたっぷり詰めて。高温で茹でるのがポイント。

干ししいたけとニラの
ワンタンスープ

どこか懐かしい、
しいたけ風味のおかずスープ

大人も子供も大好きな、ワンタンがメインのスープ。
時間のないときにササッとできる手軽さも◎。
奥行きがあるしいたけのだしと、ニラの風味で、
さあ、めしあがれ。

★材料（2人分）

［ワンタン］
ワンタンの皮── 6枚
豚挽肉── 30g
オイスターソース──小さじ½
塩──少々
こしょう──少々

かつおだし── 300cc
干ししいたけスライス── 5g
ニラ── 2本
しょうゆ──小さじ1
オイスターソース──小さじ1
ごま油──小さじ1
塩──小さじ½
片栗粉──中さじ1

★作り方

1　鍋にかつおだしを入れ、干ししいたけを入れて戻しておく。
2　つぎにワンタンを作る。豚挽肉にオイスターソース、塩、こしょうをして粘り気がでるまで混ぜ合わせ、適量をワンタンの皮で包む。
3　1の鍋を火にかけて、沸騰したらワンタンを入れる。しょうゆ、オイスターソース、ごま油、塩を入れて味つけし、1.5cm幅に切ったニラを入れる。
4　同量の水で溶いた片栗粉をまわし入れ、とろみをつける。

ワイルド

ワイルド
マッシュルームスープ

食物繊維もたっぷりとれる、クリーミーなスープ

山の幸、きのこがどっさり入った、
ビタミン、食物繊維も豊富なまろやかスープ。
素材の半分をミキサーにかけますが、
ツブツブが残るくらいがベスト!

★材料（2人分）

バター —— 中さじ2	えのきだけ —— 25g
じゃがいも —— 1/2個	チキンブイヨン —— 300cc
マッシュルーム —— 6個	牛乳 —— 250cc
しいたけ —— 2枚	塩 —— 小さじ1/2
まいたけ —— 35g	こしょう —— 少々

★作り方

1. 鍋にバターの半量を入れ、えのきだけの半量と、その他きのこ類の半量の薄切りと、じゃがいもの薄切りを加えて炒める。
2. 1にチキンブイヨンを入れて煮込み、野菜が柔らかくなったらミキサーにかける。
3. 適当な大きさに切った残り半分のきのこ類をバターで炒め、その鍋に2を戻して牛乳を入れ、塩、こしょうで味を整える。

使用するキノコたち。それぞれの風味が複雑に絡み合う。

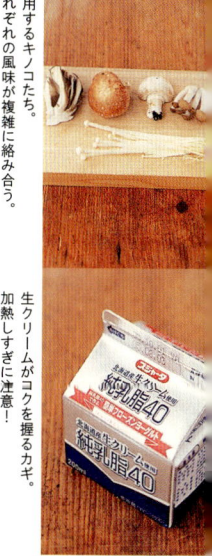

生クリームがコクを握るカギ。加熱しすぎに注意!

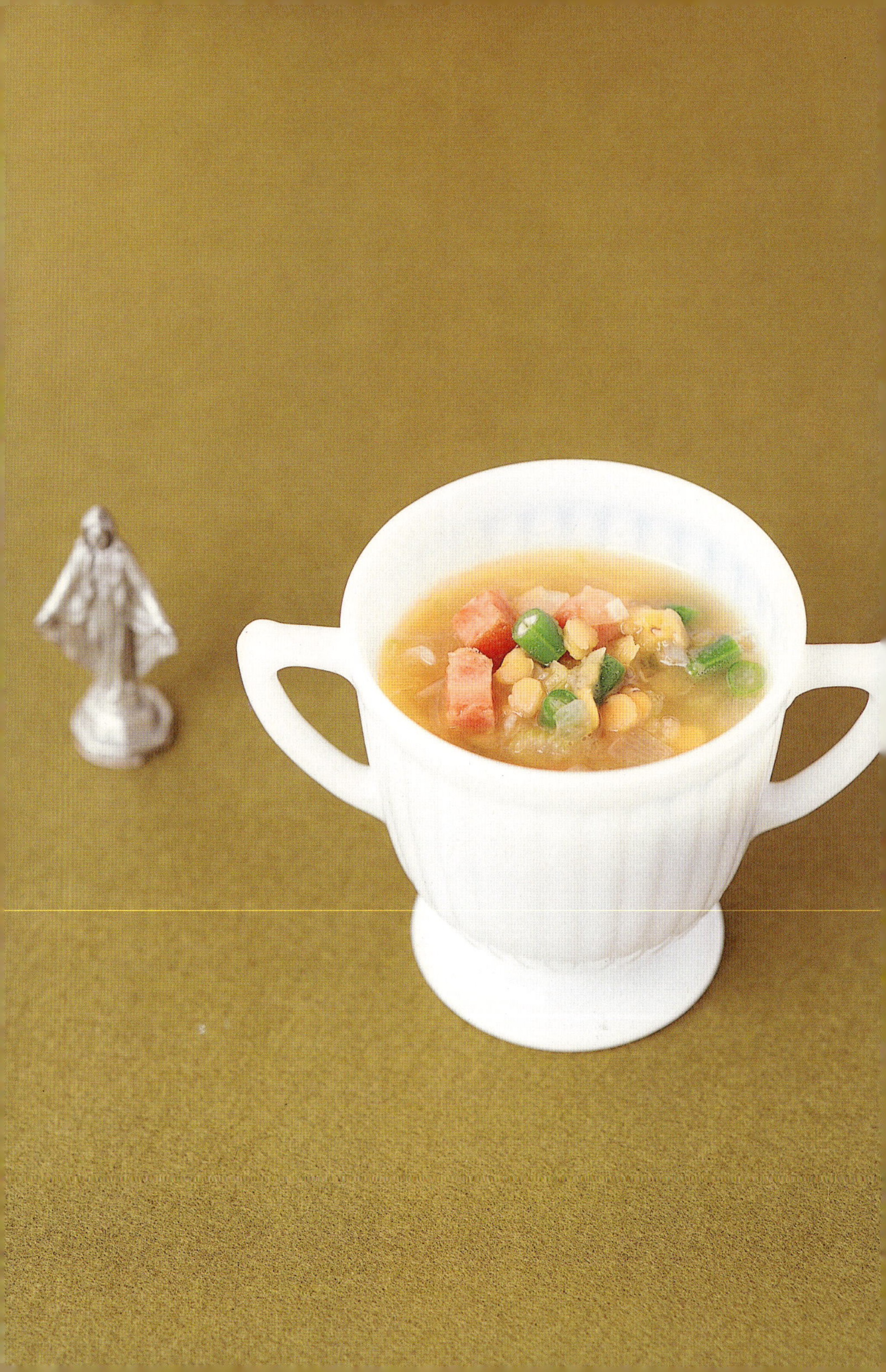

ピンクレンズ豆と ハムのスープ

火の通りのいいレンズ豆で、おなかも満足のスープ

すぐに水に戻せるレンズ豆は、
スープやカレーの具材に最適。
使用しているハムステーキは、
ベーコンやソーセージでもOK。
具はみんな小さく切ってみて！

★材料（2人分）

オリーブオイル——中さじ1	ハムステーキ——30g
にんにく——半片	いんげん——2本
玉ねぎ——¼個	チキンブイヨン——300cc
セロリ——¼本	塩——少々
ピンクレンズ豆——50g	こしょう——少々

★作り方

1 鍋にオリーブオイルとにんにくのみじん切りを入れて炒め、1cm角に切った玉ねぎ、セロリ、ハムステーキをすべて入れて炒める。
2 1にチキンブイヨンとピンクレンズ豆を入れて柔らかくなるまで弱火で煮る。
3 1cm幅に切った、いんげんを加え、火が通ったら塩、こしょうで味を整える。

ピンク色のレンズ豆は厚みがないのですぐに使える。

いんげんのシャッキリした食感もスープのポイント。

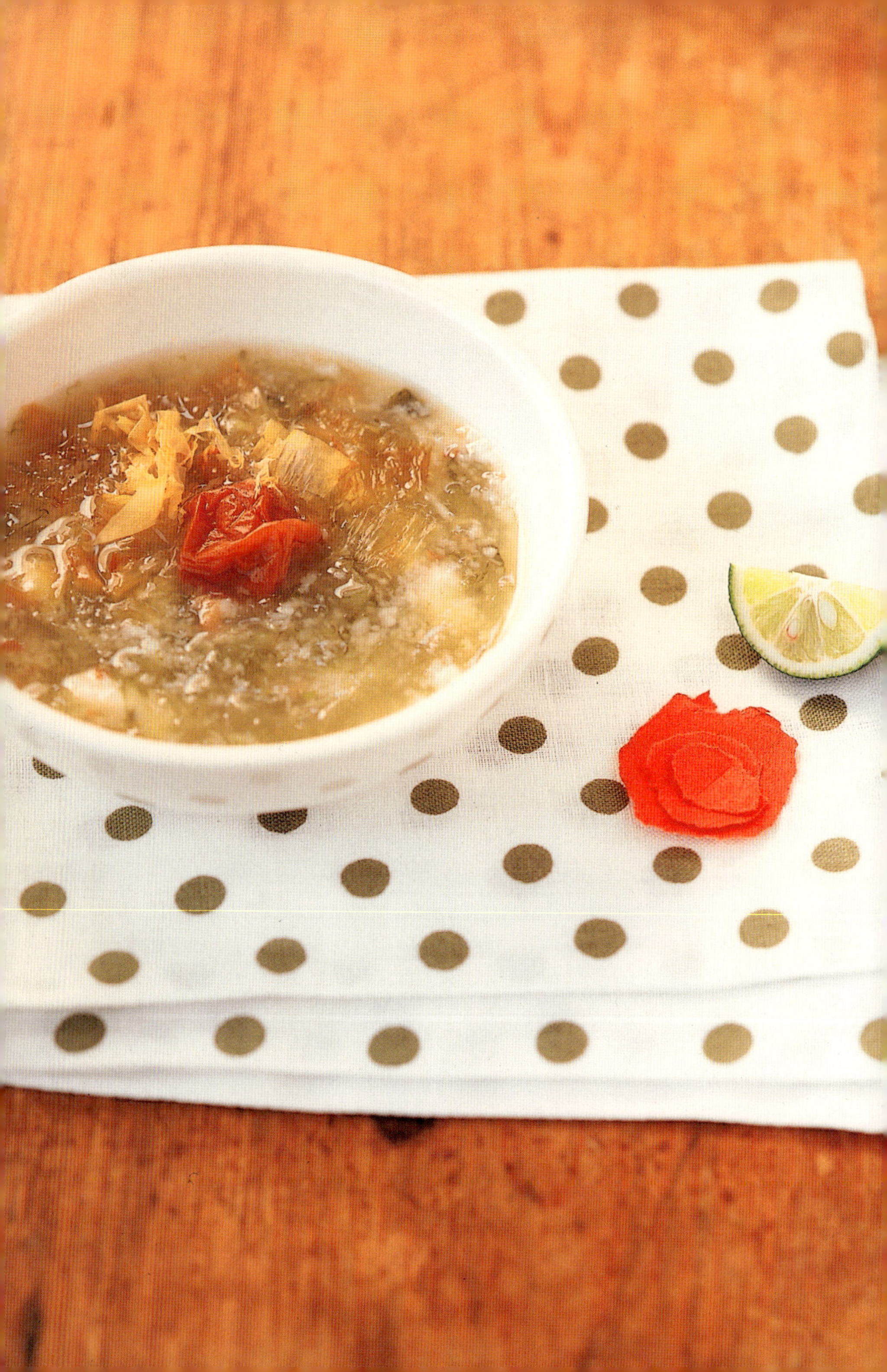

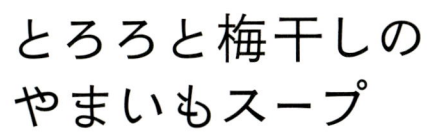

とろろと梅干しの
やまいもスープ

カラダがシャキッと目覚める、さわやかスープ

さわやかな酸味と、
ほどよい塩味が魅力のこのスープは、
お酒のおつまみに最適。冷やしてもおいしいので、
二日酔いの朝のミネラル補給にもOK。

カリウムなどのミネラルが豊富な梅干しととろろ昆布。

やまいもは、すりおろしてなめらかな「とろろ」状態にする。

★材料（2〜3人分）

とろろ昆布 —— 5g
梅干し —— 3個
やまいも —— 50g
水 —— 250cc

柚こしょう —— 小さじ½
しょうゆ —— 小さじ2
すだち —— 1個
かつおぶし —— 適量

★作り方

1. 鍋に、水、とろろ昆布、すりおろしたやまいも、種を取ってたたいた梅干し1個、柚こしょう、しょうゆを入れ、かき混ぜて沸騰させる。
2. 1を器に盛り、トッピングに梅干し、かつおぶし、すだちをしぼって完成。

BU

豚汁風ごま味噌スープ

ゴマペーストのコクが味噌にベストマッチ！

おなじみの豚汁。ゴマペーストを加えると、あら不思議。中華風とも和風ともいえる、おいしく奥深い味に変身。食物繊維など不足しがちな栄養素を補ってくれます。

★材料（2人分）

- ごま油――中さじ1
- 豚バラ肉――80g
- ごぼう――⅓本
- にんじん――⅓本
- 油揚げ――½枚
- 白ねぎ――¼本
- かつおだし――500cc
- 白ねりごま――大さじ1
- 味噌――大さじ1
- 白ごま――少々

★作り方

1. 鍋にごま油を入れ、豚バラ肉の薄切りを炒め、火が通ったら細切りにしたごぼう、にんじんを加えて炒める。
2. 1にかつおだしを入れて煮込み、野菜が柔らかくなったら油揚げ、白ねりごま、味噌、1cm幅に切った白ねぎを加える。
3. 火が通ったらできあがり。白ごまをトッピングする。

細切りにすると火の通りがよくなり、手早くできる。

練りゴマは市販のものでOK。白ゴマをセレクト。

みんなだいすき

和風カレースープ

大根とカレーの出会いが新鮮な、
お味噌汁感覚のスープ。

レシピ通りに作っても、カレーの残り鍋に
かつおだしを足してもできる簡単スープ。
うどんを入れてカレーうどんにしても、
おいしくいただけます。

★材料（2人分）

サラダオイル──中さじ2	長ねぎ──1/2本
牛バラ肉──80g	にんにく──半片
玉ねぎ──1/4個	かつおだし──500cc
じゃがいも──1/2個	カレールー──2個（35g）
にんじん──1/4本	しょうゆ──大さじ1
大根──1/8本（100g）	みりん──大さじ1

★作り方

1. 鍋にサラダオイルを入れ、にんにくのみじん切り、牛バラ肉の薄切りを炒め、火が通ったら一口大に切った玉ねぎ、にんじん、じゃがいも、大根を加えて炒める。
2. かつおだしを入れて煮込み、野菜が柔らかくなったらカレールー、みりん、しょうゆを加える。
3. 長ねぎを細切り（白髪ねぎ）にしたものや、お好みで粉唐辛子をトッピングする。

いつものカレールーの
おいしい変身っぷりに
驚くはず！

カレーで
おなじみの具材＋
大根が新鮮！

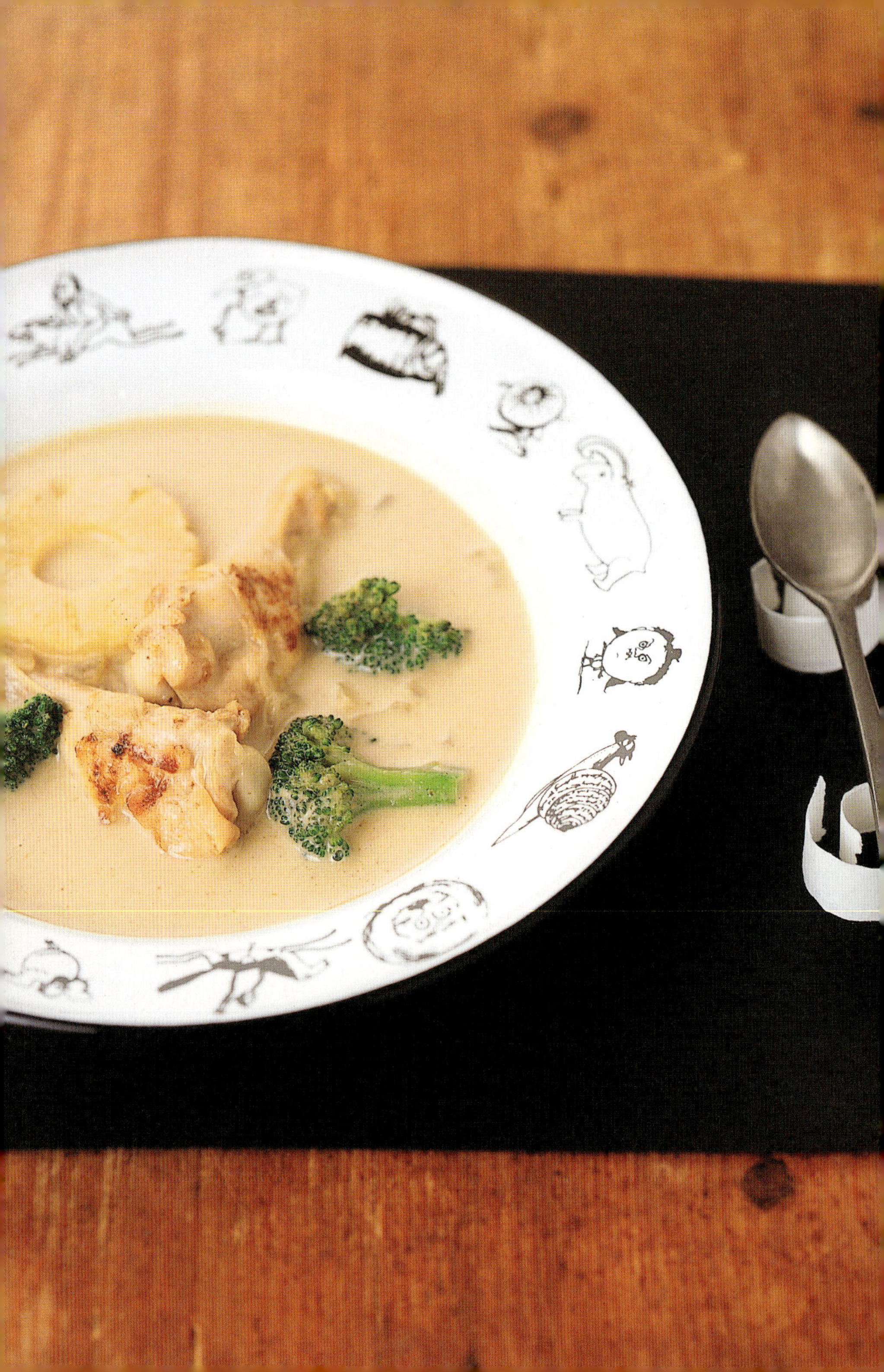

手羽先とブロッコリーの イエローカレースープ

**ココナッツの香りで、
ひとくち食べると南国気分!**

パイナップルの効果で柔らかく煮えた鶏肉と、
カレーの風味が、ご飯にとてもよく合うスープ。
リゾート地のカフェで出てくるようなメニューをお家でも。

★材料(2人分)

サラダオイル——中さじ1	パイナップル缶の汁——大さじ2
手羽先—— 4本	水—— 200cc
ブロッコリー—— 6房	イエローカレーペースト——大さじ1
玉ねぎ—— 1/3個	ココナッツミルク—— 200cc
パイナップル缶——輪切り2枚	ナンプラー——中さじ1

★作り方

1 手羽先は軽く塩こしょうしてあらかじめ
フライパンなどで表面に焼き色をつける。
ブロッコリーは房に分けて湯通ししておく。
玉ねぎは大きめのくし切りにする。

2 鍋にサラダオイルを入れ、**1**の材料をすべて炒める。
全体に油がまわったら、水、パイナップルを加える。

3 パイナップル缶の汁を入れ、玉ねぎが柔らかくなるまで
煮る。その後イエローカレーペースト、ココナッツミルク、
ナンプラーを加えて5分はど煮込む。

からあげにする、ドラムタイプの鶏肉は骨からもだしが出る。

残ったら凍らしてシャーベットにしてもおいしい。

チリン♪

BLTスープ

見た目も鮮やかな、
野菜たっぷりスープ

サラダであまったレタスやトマトを使ってできる簡単スープ。
野菜は火を通すとしんなりするから、たっぷり食べられます。
カロリー控えめなのでダイエット中でも安心。

★材料（2人分）

オリーブオイル —— 小さじ1　　チキンブイヨン —— 250cc
にんにく —— 半片　　　　　　塩 —— 小さじ半分
レタス —— 1枚　　　　　　　こしょう —— 少々
ミニトマト —— 6個　　　　　ドライバジル —— 少々
ベーコン —— 2枚

★作り方

1　鍋にオリーブオイルを入れ、
　　にんにくのみじん切り、1cm幅のベーコンを炒め、
　　1cm幅の千切りにしたレタスを加えてさっと炒める。
　　レタスのシャキシャキした食感がポイントなので、
　　加熱しすぎに注意。

2　1にチキンブイヨンとドライバジル、半分に切った
　　ミニトマトを加えて、塩、こしょうで味を整え、
　　沸騰したら火を止める。

ベーコンの代りに、ハムの赤身部分を使うとさらにカロリーダウン。

だめにしてしまう前に、スープにして食べてしまえ（笑）！

ケロ
ケロ
ケロ

豆腐ときゅうりの冷たいスープ

なめらかなのどごしと、豆腐の風味が最高!

冷蔵庫で冷やした材料を
ミキサーにかけるだけで完成する、お手軽スープ。
おいしく作るポイントは、
きゅうりのツブツブ感を残すこと。

★材料(2人分)

絹豆腐 —— 200g
かつおだし —— 100cc
きゅうり —— 1/3本
薄口しょうゆ —— 小さじ1
塩 —— 小さじ半分

★作り方

1 適当な大きさに切ったきゅうり、豆腐、
 その他調味料をすべて入れてミキサーにかける。
2 1を冷蔵庫で冷やして、
 薄切りのきゅうりをトッピングする。

鮮度のいい瑞々しいきゅうりを選んで。

絹ごし豆腐で、なめらかな口あたりに。

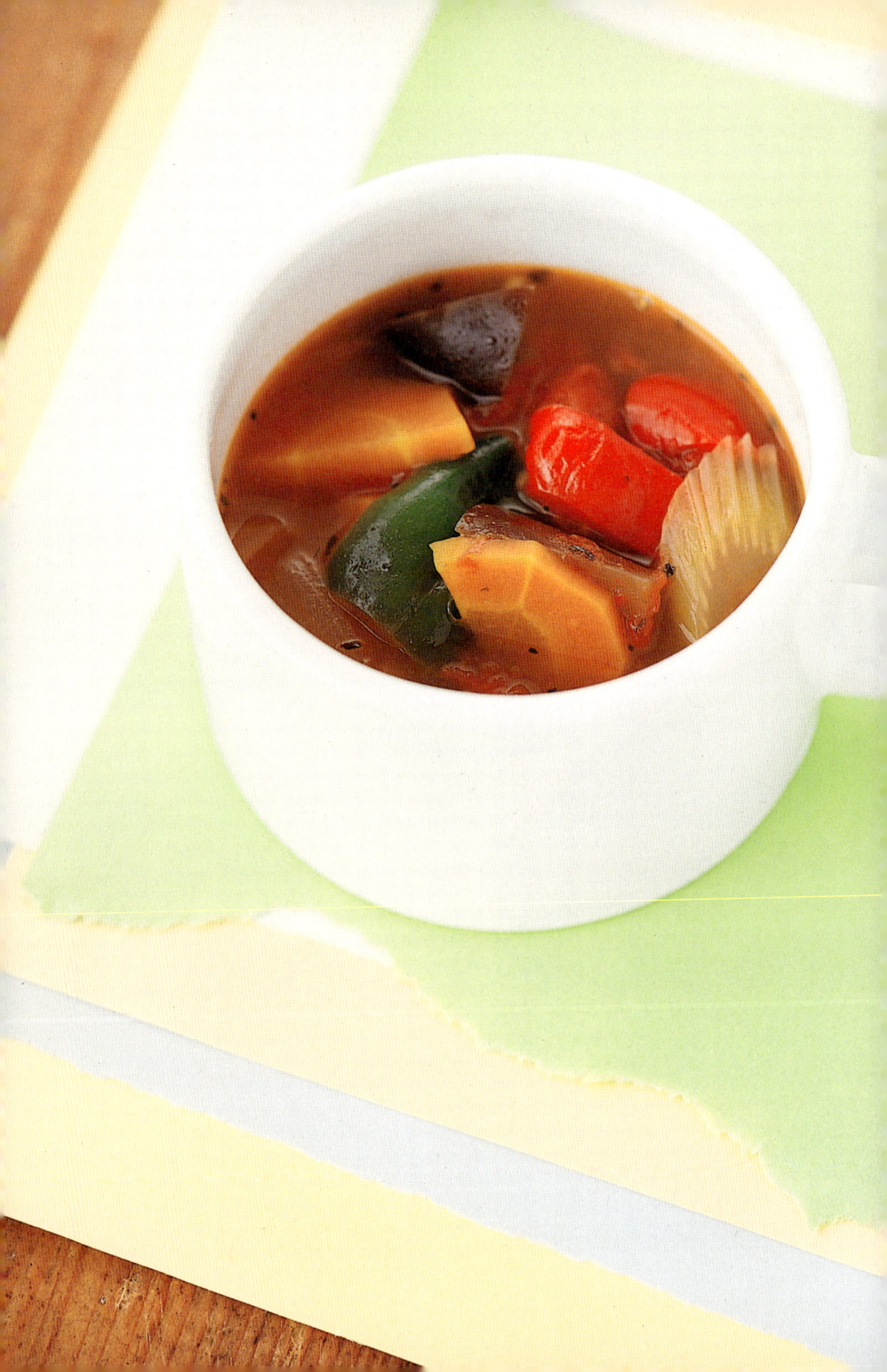

ラタトゥユの残り野菜などで。

しいたけの風味、玉ねぎの甘味がアクセントに。

シンプルベジタブルスープ

ごろっとした野菜の食感と、旨みがたっぷり楽しめる!

ラタトゥイユで残った野菜などで作れるスープ。
野菜は何を入れてもOKですが、
トマトを入れたらかき混ぜすぎないで、
クリアなスープを完成させて!

★材料(2人分)

オリーブオイル──大さじ1	にんじん──1/3本
にんにく──半片	玉ねぎ──1/4個
なす──1/2本	トマト──1個
しいたけ──2枚	チキンブイヨン──300cc
ピーマン──1/2個	塩──小さじ1
赤ピーマン──1/2個	こしょう──少々
セロリ──1/2本	ドライバジル──少々

★作り方

1. 鍋にオリーブオイルを入れ、にんにくの薄切りを炒め、一口大に切ったトマト以外の野菜とドライバジルを入れて炒める。
2. 全体に油がまわったら、皮をむいて一口大に切ったトマトとチキンブイヨンを加えて、野菜が柔らかくなるまで弱火で煮る。
3. 塩、こしょうで味を整える。

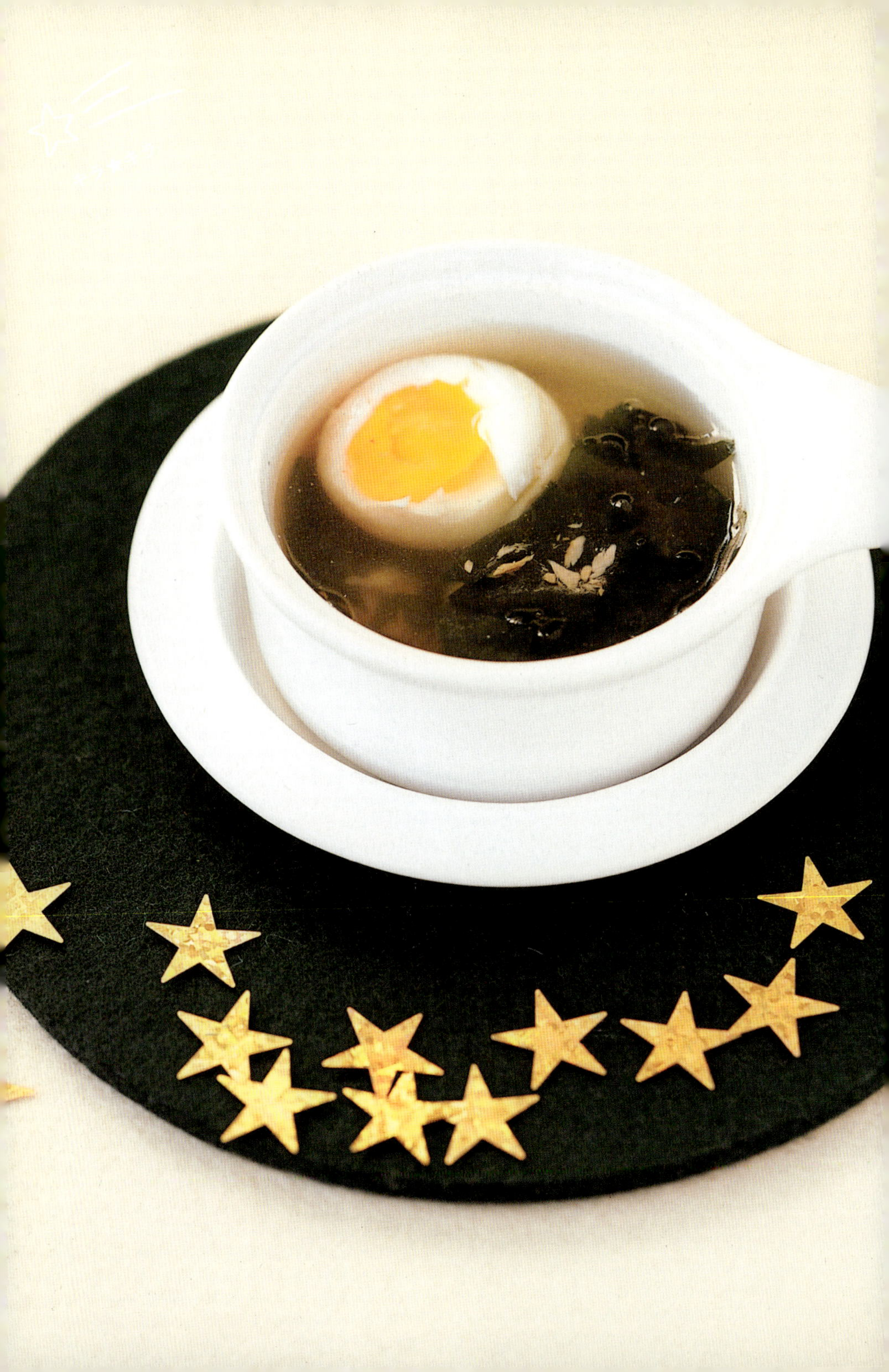

わかめと温泉卵のアンチョビスープ

人気の温泉卵を
もっとおいしく！　目新しく！

みんな大好き温泉卵を、
アンチョビとわかめで大人味にスープアレンジ。
アンチョビは隠し味として活用できるので、
ストックしておくと便利。使いやすいペーストもアリ。

★材料（2人分）

鶏ガラスープ —— 300cc
ドライカットわかめ —— 大さじ½
温泉卵 —— 2個
アンチョビ —— 10g
ナンプラー —— 小さじ1

★作り方

1　鍋に鶏ガラスープとアンチョビを入れて火にかけ、アンチョビをくずしながら沸騰させる。
2　1にカットわかめ、ナンプラーを入れてひと煮立ちさせて火を止める。
3　1を器に入れ、温泉卵をトッピングする。

市販の温泉卵が便利。わかめは生タイプでもOK。

ドレッシングなどにも使える便利なオイル漬けアンチョビ。

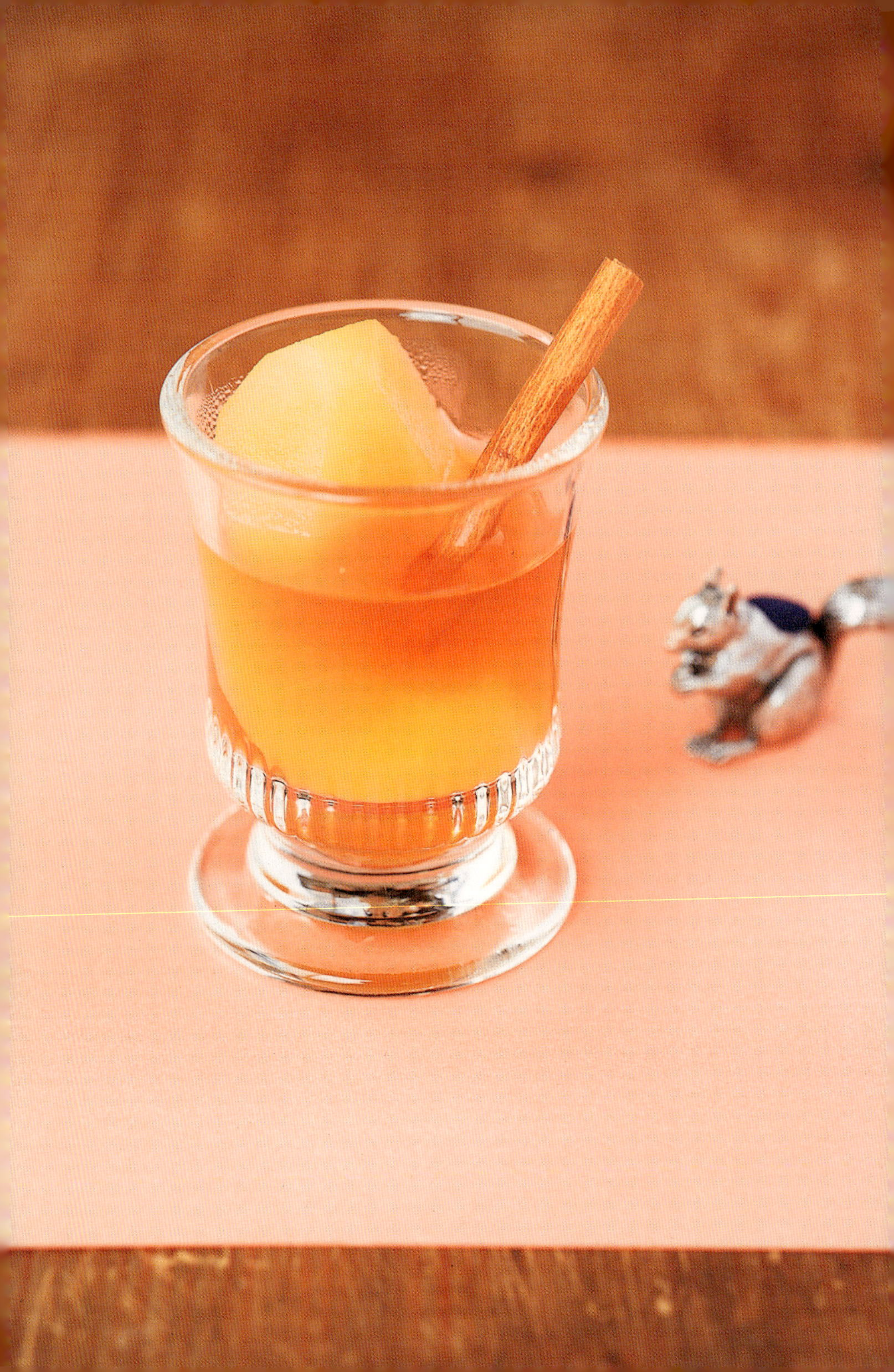

りんごのシナモン
ティースープ

上品な甘さと香りがホッ。
心やすらぐデザートスープ。

あたたかくても、冷たくしてもおいしい
りんごのコンポートスープ。
冷蔵庫で1日置くと、なおおいしくいただけます。

★材料（2〜3人分）

りんご —— 1個　　　　　砂糖 —— 大さじ3
レモン汁 —— 大さじ1　　水 —— 300cc
シナモンスティック —— 1本　　紅茶パック —— 1つ

★作り方

1. りんごは皮をむき、4等分にして芯を取る。
2. 鍋に水、レモン汁、シナモンスティック、砂糖、りんごを入れて、アルミ箔などで落としぶたをして弱火で20分煮込む。
3. 火を止めて紅茶パックを鍋に入れて、1分程度ひたす。
4. お好みでサワークリームや黒こしょうをトッピングする。

レモン汁と
シナモンスティックは
重要な隠し味。

冬の定番果物
"りんご"。
種類はお好みで
何でも！

キキッ

バナナとキウィの
ヨーグルトスープ

**朝にぴったり！ 栄養満点で
この1杯で満腹感を味わえます。**

食欲がない…でも力をつけたい。
そんなときにササッとできて、
ゴクッと飲めば、食欲もパワーもアップ!!
お好みではちみつを添えてもおいしいスープ。

★材料（2人分）

バナナ —— 1本
キウィ —— 1個
ヨーグルト —— 150g
牛乳 —— 50cc

★作り方

1 バナナとキウィは皮をむいて、
 トッピング用に少量を残して
 適当な大きさに切り、ミキサーに入れる。
2 ミキサーにヨーグルトと牛乳を入れ、
 30秒程度まわす。
3 器に移して、バナナとキウィを
 お好みの形でトッピングする。

牛乳とヨーグルトで、お腹の調子もバッチリ。

ビタミンたっぷりのキウィと、食物繊維が豊富なバナナ。

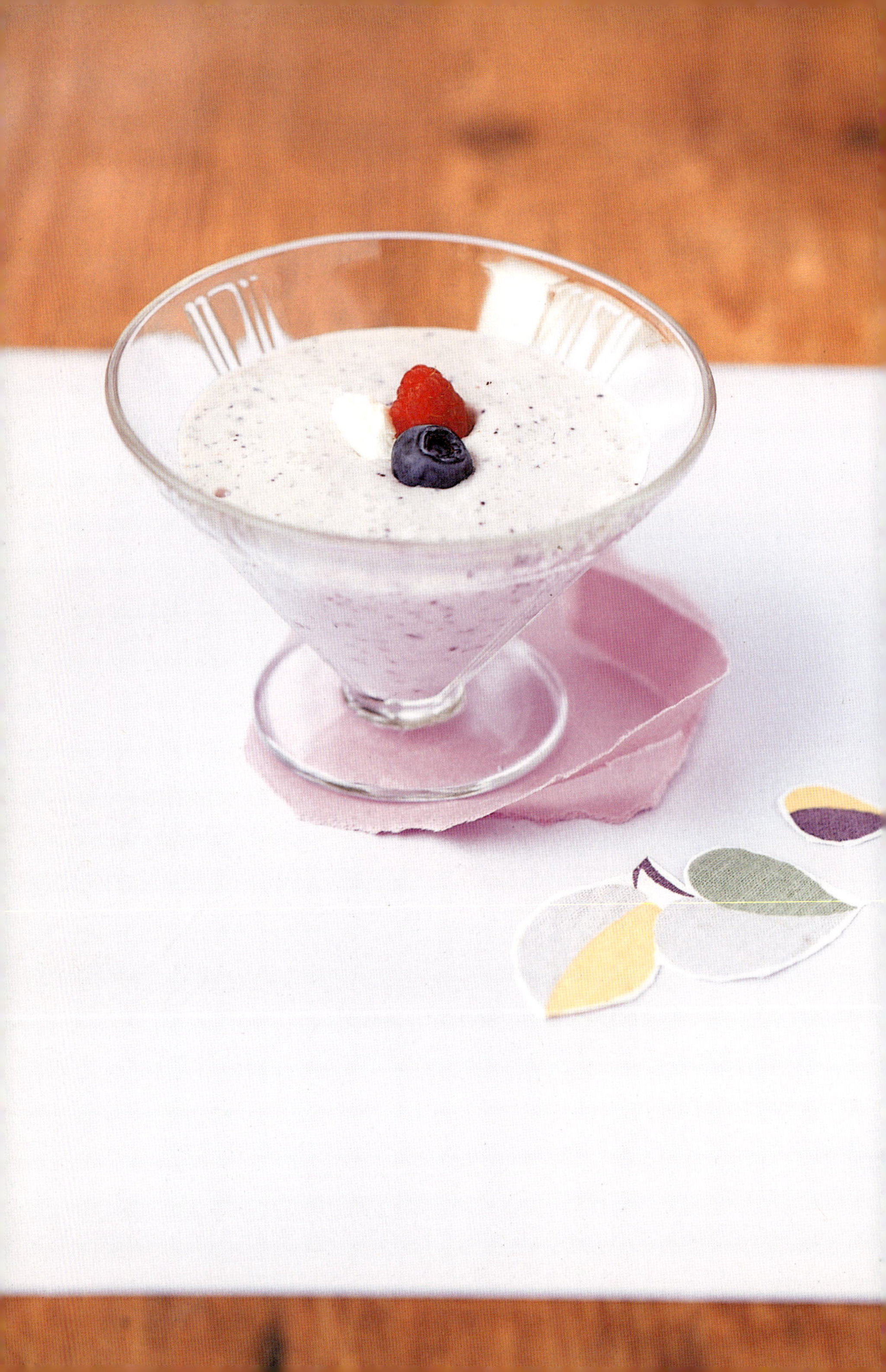

ブルーベリーチーズスープ

部屋を温かくして、冷たくておいしいデザートを食べる幸せ!

ベリー類は冷凍のものでもOKです。
季節によって、いちごやチェリーなどでもできます。
アイスクリーム入りなので出来たてをどうぞ。

冷凍のものでも可。
また、ベリー類なら何でも。

アイスクリームは冷凍庫から出したら、溶けないうちにミキサーへ。

★材料(2人分)

ラズベリー —— 40粒
ブルーベリー —— 40粒
牛乳 —— 100cc
バニラアイス —— 100g
クリームチーズ —— 20g

★作り方

1 ラズベリーとブルーベリーはトッピング分を残して他の材料とともに全部ミキサーへ入れ、30秒程度まわす。
2 トッピングにラズベリーとブルーベリー、クリームチーズを添える。

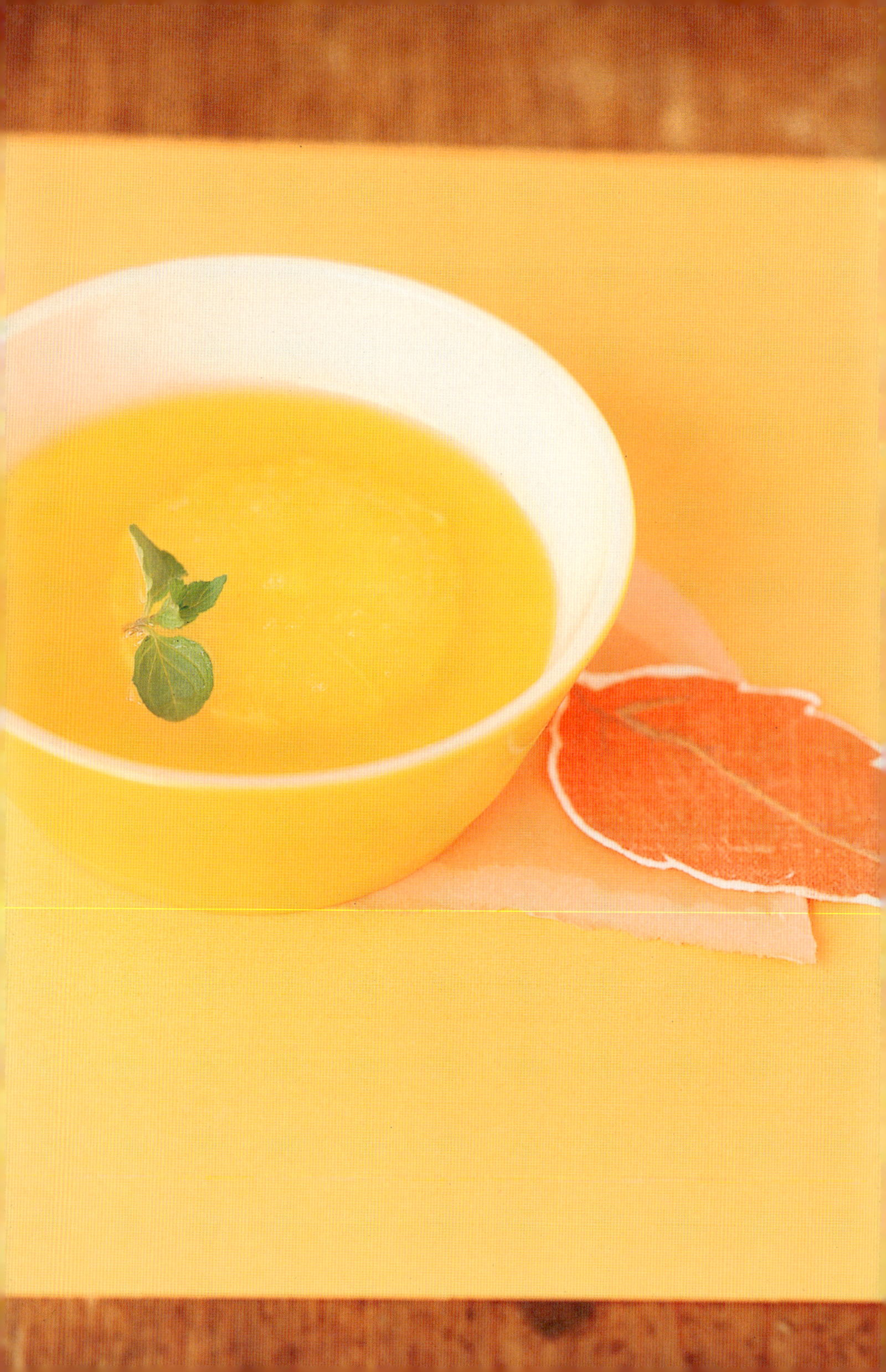

オレンジ
ジンジャースープ

しょうががオレンジの味を
さわやかに引き出してくれます！

氷のかわりに凍らせたオレンジを入れるので、
冷たいまま食べられて、溶けても味が薄くなりません。
簡単なのにおしゃれ度満点！

★材料（2人分）

オレンジ── 4個　　　　　レモン汁── 中さじ2
白ワイン── 中さじ2　　　ミントの葉── 適量
しょうが汁── 中さじ2

★作り方

1 オレンジは半分に切って、トッピング用の
　1cm幅の輪切りをとり、皮をむいて冷凍しておく。
2 残りのオレンジはすべて絞る。
3 しょうがとレモンの絞り汁、白ワインを混ぜ合わせ、
　凍らせておいた輪切りのオレンジとミントの葉を
　トッピングする。

しょうがの効果で
代謝もアップ！
オレンジとよく合います。

白ワインが入って
ちょっぴり
大人の味に。

スープのお道具図鑑

スープを作るのには、特別な道具など必要ありません。
大切なのは、「自分が大好きな道具に出会う」こと。
東条愛用の道具たちと、おすすめキッチン道具をご紹介します。

このお鍋は、特にスープ専用のお鍋ではありません。けれど、使えば必ず良さを実感できるお鍋。「炒め＆煮込み」作業が必須のスープ作り。テフロン加工の鍋は、具材を炒めても焦げ付かず、油も少量ですむ。深底だから安心して煮込める。軽くて後片付けもスポンジ1個で終了…などなど利点はイッパイ。たっぷり作ってもラクラク運べる両手鍋がおすすめです。毎日食べたいスープだからこそ、まずは使いやすさを重視したお鍋選びから始めましょう。

焦げにくいお鍋は、
スープ作りの必需品！
"スープは大量に作る"のが、
やっぱりおいしい

両手鍋

Ryote-Nabe

「BIALETTI」社のお鍋を愛用中。具材を炒めてから煮込むスープやとろみのあるおいも系スープ、クリーム系スープなどには特に、焦げ付きの心配のないテフロン加工の鍋が安心。

ポタージュや
デザートスープにも
大活躍！のミキサー。
スープ作りには必需品です

ミキサー
Mixer

とろ〜り系のポタージュスープや、果物のおいしさを最大限に生かすデザートスープ。どちらもミキサーが大活躍します。最近は驚くほど安価なミキサーもたくさん出回っています。機能がたくさんついたミキサーもありますが、スープ作りには「ON／OFF」ボタンだけで十分！コーンなど具材に皮が残るような素材はミキサー後にこし器で裏ごしを。かぼちゃやバナナなどの、カスがほとんど出ない具材なら、ミキサーをONにするだけで簡単にスープが作れます。

写真のミキサーは3000円程度で購入した超シンプルなもの。大きい具材をあらかじめ細かく砕く「FLASH」ボタンとON／OFFボタンのみの機能です。ミキサーは、一度しまうと使用頻度がグンと下がってしまうもの。できればキッチンの上や手軽に使える場所を確保し、いつでも使えるようにしておくと活躍回数もUPします！

木しゃもじは使いやす
さ優先。何本も愛用の木
しゃもじがあるけれど、
100円ショップで買った
木しゃもじも使いやすい！
こちらは業務用道具専門
のお店で買った木しゃも
じ。木幅が厚く、野菜も鍋
も傷つけません。

この本で紹介するスープの大半は、「材
料を炒めてから煮込む」ものがほとんど。
肉や野菜を炒めるときに菜箸を使ってい
た方は、ぜひ木しゃもじに変えてみて！
お箸で炒めると箸からこぼれた具材の
"炒め残し"をしてしまい、均一に火が
通らなかったり、焦げ付かせたりしてし
まう可能性があるからです。大量の具材
を炒めるときは木しゃもじで！

木しゃもじ
Ki-shamoji

具材を炒めるときは、
木しゃもじで。
炒め残しなく、
まんべんなく火を通します

本格的なシノワを買おう
とすると数万円クラスの
ものもありますが、家庭で
は粉ふるいで大丈夫。ただ
し"しっかりした網目のも
の"を選びましょう。粉を
ふるうときに比べ、網目部
分に数倍の負担をかけるの
で、選ぶときは網目が強く
て、少し押したくらいでし
ならないものが最適です。

こし器＆ゴムベラ
Koshi-ki & Gomu-bera

スープの裏ごしに欠かせないこし器とゴムベラ。
"粉ふるい"でも代用OK

お店でスープをこすのに使う"シノワ"は、フランス料理などでソースを作る際に使われるこし器。でも家庭では、写真のようなお菓子用の"粉ふるい"でも十分代用できます。ポタージュなどを作るとき、ミキサーにかけた後こしますが、こし器の目が細かければ細かいほど、なめらかなスープになります。弾力のあるゴムベラを使って網目にすり付けてこせば、早く無駄なくこすことができます。

しっかり具材を炒めたら次は煮込みの作業です。アクをとったり、調味料を溶かすためにおたまは必需品。大きめのおたまはスープのだしを作るときにとっても便利。広範囲のアクとりはもちろん、スープのだしを別容器に移し取るときも、使い勝手の良さを発揮します。店舗などで使われている業務用のレードルは、小鉢やお椀など小さな皿によそるときにとても重宝。先が細くなったレードルは、食器に美しくスープを注ぐことができるのが特徴です。

どこの家庭にもあるおたまと、
業務用レードルの使い勝手

レードル & おたま

Ladle & Otama

おたまには様々なサイズのものがあります。ご自宅の鍋サイズに合わせつつ、大きめのものとちいさめのものを1本ずつ持っておくと便利です。写真のレードルは『ディア.スープ』で使用しているもの。

スープ作りを楽しく、
おいしくする道具たち

スープ周りを盛り上げる、かわいくて便利な"お道具"たち。
調理のスピードアップにつながる調理器具、スープを美しく見せるお皿、
裏方用のアイテムだけど、見た目もキュートなアイテムまで。
毎日みんなで囲むテーブルに、ホッコリ笑顔を運ぶお道具を紹介します。

赤いキャセロール

**ビッグサイズ＆両手付き
真っ赤なキャセロール**

弱火でトロトロ煮込むのが得意なキャセロール。野菜のウマミをじっくり出したいポトフに最適。色揃えも豊富なキャセロールは、お鍋ごと食卓に出しちゃおう。

お鍋ごとテーブルにドン！
そんなときはキュートな鍋敷きを

お料理大好き人間でも、鍋敷きまでこだわる人は少ないもの…。キャセロールのように鍋ごと食卓に出るようなスープには、テーブルクロス感覚で楽しめる、にぎやかクロスを！

ジップロック

**なんでも Pack in !!
たっぷりスープの必需品**

スープのだし、調理済みスープもジップロックで保存できます。スープを入れたら、パックごと水につけて一気に冷やし(※)、あら熱を取って冷蔵、冷凍しましょう。

※熱が取れるのを待っていると、余熱が具材に火を通してしまうから。保存は速やかに！

赤いマットとフライパン

炒めもOK！深さもOK！深底フライパンって重宝します

大好きな平野レミさんに頂いたレミパン。大半のスープを"炒めてから"作るので、炒めた後にたっぷりのだし汁を入れてもOKなレミパンは我が家の必需品。

レミパン

天然塩と挽きたてこしょう

調味料は具材の旨味！でも塩とこしょうは必需品

野菜やお肉から出る旨味がスープの調味料。でも塩とこしょうは必需品です。塩はミネラルたっぷりの天然塩を。こしょうは挽きたてを。これだけで、どんなスープも美味しく仕上げられます。

いろんなハーブが入った包み

多種多様のハーブがぎっしり"ブーケガルニ"を活用して

フランス語で"ハーブの束"という意味の小さいハーブ袋。スープにポンと入れるだけで、中のパセリやタイム、ローリエなどが、肉や魚の臭みを消してくれます。

初心者さんに優しい、
デカ数字の計量スプーン

「目分量でバッチリOKよ!」なんて人も、一度キッチリ計ってお料理してみて。きっと味の違いに驚くはず。この本のレシピも、最初は分量どおりから始めてみてくださいね。

軽量スプーン

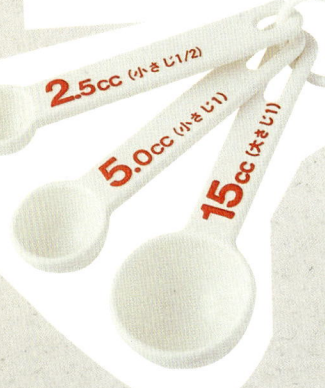

2.5cc (小さじ1/2)
5.0cc (小さじ1)
15cc (大さじ1)

目盛り付きおたま

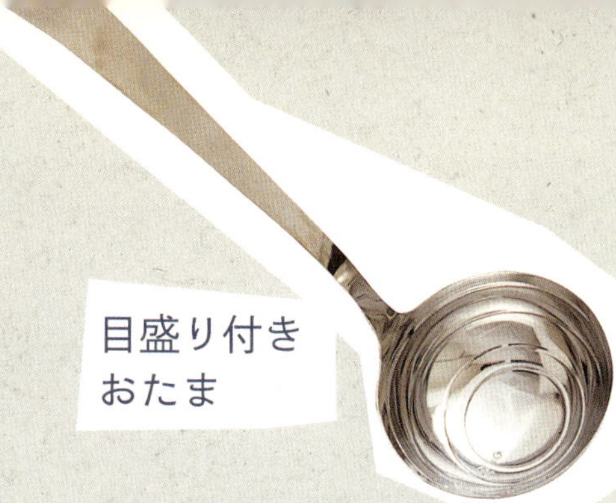

パッと作りたい人にオススメ
目盛り付きビッグおたま

調味料を計量しながら調理ができる、目盛り付きおたま。わざわざ計量スプーンをとりださなくても、そのままお醤油やオイル量をチェックできるスグレモノ。

ミキサーがなくても、
手動でトマトピューレを作る!

キッチン回りが楽しくなる真っ赤なこし器。トマト用のこし器ですが、柔らかめの野菜なら使えます。網目部分にトマトを放り込み、取っ手を回せばトマトピューレのできあがり。

目盛り付きカッティングボード

くにゃ〜っと曲がるまな板!
切ったものをこぼさず鍋にIN!

厚さ数ミリのまな板。切った野菜などをザーッと一気に鍋へ入れたいとき、"Uの字"に曲げて入れれば、鍋回りにこぼれない! というアイディア品です。

トマト用こし器

なべつかみ

「召し上がれ〜」と鍋を出すなら、カワイイ鍋つかみもチラ見せ♪

ホーロー鍋、キャセロール、土鍋、鉄製の鍋。取っ手部分が熱くなる鍋って、総じて"食卓にそのまま出せる鍋"が多いですよね。そんなときは厚みのあるカワイイ鍋つかみでどうぞ。

和食器

なんにでも合っちゃう和食器、大小いろいろ揃えておくと便利

和食器は、洋風スープや中華スープを入れてもなぜかピッタリくる。ほどよくスープが入りつつ、具を引き立てる浅さがある皿が多いので、何皿も持っています。

スープカップ付プレート

朝食が楽しくなるスープカップ付きプレート

サラダにトースト、目玉焼き？ぜーんぶ一緒に乗せてもOK！朝食にピッタリな食器セット。

エスプレッソカップ

スープだからスープカップ、なんて常識はいりません！

スープカップの代わりに使えるのが、エスプレッソカップ。体を温めるにんにくのスープや、冷製スープを前菜として出すときなど、意外に登場回数は多いのです。

あ と が き

我が家には3人の子供達がいますが、
みんなよくスープを食べてくれました。

というのもこちらの都合で、
時間のない中でたくさんの野菜を食べさせようと思ったら、
具だくさんスープを作る（そして作り置きする）のが
一番だったからです。

大したおかずは作れなくても、
温かい湯気を立てるスープ鍋が食卓にあると、
なんとなくホッとしたものです。
私自身がスープに助けられていたような気もします。

心にも体にも必要なもの、を、
これからもスープを通じて
みなさまにお届けしていきたいと思っています。

　　　　　　　　　　　　　　　　　　東條　真千子

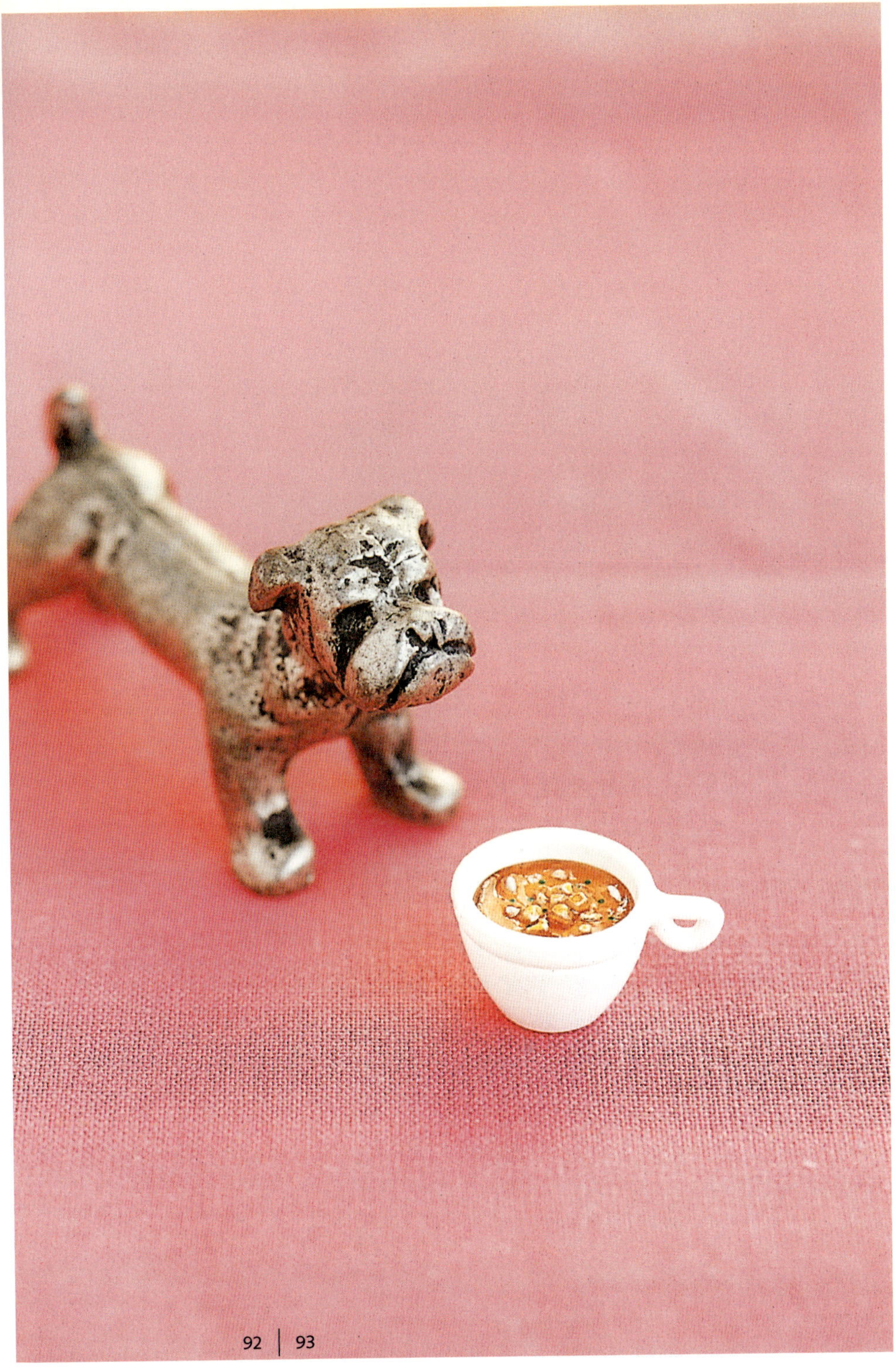

DS Cafe

栄養&おいしさ満点の
スープを提供する
「ディア．スープ」。
直接お店でも、
便利な通販でも
味わっていただけます。

SHOP LIST

ディア.スープ 銀座店
〒104-0061 東京都中央区
銀座 3-2-1 プランタン銀座 B1
☎ 03-5250-9021

ディア.スープ
トルナーレ 日本橋浜町店
〒103-0007 東京都中央区
日本橋浜町 3-3-1
トルナーレ日本橋浜町 1F
☎ 03-3249-7233

ディア.スープ 西新宿店
〒160-0023 東京都新宿区
西新宿 6-10-1
日土地西新宿ビルロビーフロア
☎ 03-3342-5721

ディア.スープ
玉川高島屋S・C店
〒158-8702 東京都世田谷区
玉川 3-17-1
玉川高島屋S・C南館 B1
☎ 03-3709-0028

ディア.スープ
池袋メトロポリタンプラザ店
〒171-0021 東京都豊島区
西池袋 1-11-1
メトロポリタンプラザ 1F
☎ 03-5954-8160

ディア.スープ 梅田店
〒530-0001 大阪市北区
梅田 1-12-16 イーマ B2
☎ 06-4795-7568

ディア.スープ
阪急三番街店
〒530-0012 大阪市北区
芝田 1-13 阪急三番街 B2
☎ 06-6485-5635

ディア.スープ
フコクパレッタ店
〒530-0018 大阪府大阪市北区
小松原町 2-4
大阪富国生命ビル B2
☎ 06-6364-2677

ディア.スープ
大丸京都店
〒600-8511 京都市下京区
四条通高倉西入立売西町 79
大丸京都店 B1
☎ 075-241-6590

ディア.スープ
ブロッサ店
〒461-0005 名古屋市東区
東桜 1-1-10
ブロッサ B1
☎ 052-962-0570

DS Cafe
〒106-0031 東京都港区
西麻布 4-4-12
☎ 03-5467-5655

安心無添加にこだわったお店と同じ味が楽しめる商品の通販や、
新作スープレシピ、などなど。食に関連した情報がいっぱい。
「ディア.スープ」HPはこちらです。

http://dearsoup.co.jp

スープのカンタン教科書

2005年10月1日　初版第1刷発行

著者	東條真千子
撮影	長塚奈央
スタイリスト	郡山雅代
ブックデザイン	望月昭秀（NILSON）
イラスト	名富美和
原稿	里見有美
編集	戸田紀子　前川亜紀（幻冬舎メディアコンサルティング）
発行人	久保田貴幸
発行元	株式会社メディアコンサルティング 〒150-0051 東京都渋谷区千駄ヶ谷4-9-7 電話 03-5411-6440
発売元	株式会社 幻冬舎ルネッサンス 〒150-0051 東京都渋谷区千駄ヶ谷4-9-7 電話 03-5411-6710 http://www.gentosha-r.com/
印刷・製本	中央精版印刷株式会社

©GENTOSHA MEDIA CONSULTING 2005 Printed in Japan
ISBN 4-7790-0013-0 C0070
検印廃止

※落丁本、乱丁本は購入書店を明記のうえ、小社宛にお送りください。
　送料小社負担にてお取替えいたします。
※本書の一部あるいは全部を、著作権者の承諾を得ずに無断で複写、
　複製することは禁じられています。